Christl Gehrke · Bad Wiessee
Barbara Haltmair · Großhartpenning
Rosi Heindl · Miesbach
Peter Hollmann · Beuerberg
Fritz Lackner · Wolfratshausen
Hans Lautenbacher · Tegernsee
Egon Schäffner · Marschall
Hans Sollacher · Rottach-Egern
Eduard Wutzer · Schliersee

Illustrationen Angela Wudy-Horava

Titelgraphik und Gestaltung
Eduard Joseph Wutzer

Das Dorfschreiber Buch

Von da Liab, von de Leit,
frühers und heit

ANGELA WUDY-HORAVA

Geboren 1946 im Stadtteil Lehel in München als fünfter Sproß der Bildhauer- und Malerfamilie Wudy. 1965 bis 1968 Modegraphikstudium an der Meisterschule für Mode in München. 1968 bis 1983 selbständig tätig als Sängerin, später auch als Leiterin von Musikkapellen, Rundfunk- und Schallplattenaufnahmen. 1983 bis 1985 verschiedene Malerei- und Graphikausstellungen.

ISBN 3-929 723-01-8 (1992), dritte Auflage
Dorfschreiberverlag, 83607 Holzkirchen, Marschall 41 a

Gesamtherstellung: Graphische Kunstanstalt und Verlag
Jos. C. Huber KG, 86911 Dießen

Wiederum statt eines Vorworts:

Wir Dorfschreiber sind – unsere Damen natürlich ausgenommen – alle schon in einem Alter, das von gesunder Skepsis geprägt ist. Zu oft haben wir uns als junge Kampel überschätzt und haben auch später noch gelegentlich „an Dreck eini g'langt".
Darum haben wir voriges Jahr nur eine kleine Auflage unseres ersten Dorfschreiber-Bücherls drucken lassen. Wir wollten halt nicht gerne auf unseren Werken sitzenbleiben und jahrelang unsere Freunde zu allen möglichen Anlässen damit beglücken.
Doch wir haben uns getäuscht. Unser gemeinsames Erstlingswerk ist weggegangen wie warme Semmeln. Wir haben – die Damen wieder ausgenommen – dumm dreingeschaut. Das ist uns nicht schwergefallen. Schwerer war da schon der Entschluß, ein weiteres Dorfschreiber-Buch herauszugeben. Viele unserer Anhänger haben uns darin bestärkt.
Dies, liebe Mundartfreunde, ist also ein zweites, ganz neues Dorfschreiberbuch. Kein zweiter Aufguß, sondern versehen mit neuen, fast jungfräulichen Werken. „Fast" deswegen, weil wir sie bei einigen Lesungen dem werten Publikum zum Verkosten vorgelesen haben. Die Lautstärke und Länge des Beifalls war dann entscheidend für die Aufnahme des jeweiligen Werkes in das neue Buch.
Wir wünschen uns, daß die Mundart-Freunde ihre Freude daran haben, daß sie es ab und zu in die Hand nehmen und bei einem gemütlichen Hoagascht im Freundeskreise daraus vorlesen. Damit unsere schöne bayerische Sprache lebendig bleibt.

Hans Sollacher

BARBARA HALTMAIR

Am 5. März 1932 beim „Wiesheu“ in Hartpenning geboren, lebt sie noch heute mit ihrer Familie in dem von den Eltern übernommenen Anwesen.
Sie ist gegen Tierversuche, hat Freude an der Natur und erzählt mit Vorliebe Geschichten aus dem bayerischen Voralpenland.
Seit Jahren schreibt Barbara Haltmair für die regionalen Zeitungen und hat erst kürzlich ihr erstes Buch „Kindsein in Hartpenning“ herausgebracht.

Hi' und her schreib'n

Es gibt unter den Leuten leidenschaftliche Briefschreiber.
Meine Mutter gehörte zu ihnen. Sie teilte meiner entfernt wohnenden Schwester nicht nur mit, wer im Dorfe ein Kind erwarte oder wer gestern eingegraben worden ist, nein, auch das, daß es heute mittag einen Zwuller mit Kraut gegeben hatte, und daß sie es nicht weiß, was sie morgen wieder kochen soll.
Meine Schwester schrieb dann postwendend zurück. Jahrein, jahraus ging das so dahin.
Andere wieder verabscheuen den Briefverkehr: „Wos soid i' denn oiwei schreib'n?" fragt so einer unleidig, er weiß es, er kommt über die Anrede nicht hinaus.
Meist erbarmt sich ein Familienmitglied seiner, schreibt, und läßt unten am Blattrand eine Zeile frei: „So, do konnst jetzt du no an Gruaß hi'setz'n!"
Der so Gepeinigte kritzelt seinen Namen hin, schleudert die Feder beiseite und ächzt: „Do leg i' ja no liaba a' Fuada Hei auf!"
Zu verachten ist weder die eine Gattung noch die andere.
De oan fuadan 's Viech, de andan d' Post!

Wo ma hi'speibt

Meine Mutter hatte eine Mordshoffart mit mir. Als ich dem Trachtenverein beitrat, ließ sie mir von einer Frau, die im Kloster kunstvolles Handarbeiten erlernt hatte, ein Miedertuch und eine Schürze sticken. Dies erregte bei zwei anderen weiblichen Mitgliedern des Vereins Mißfallen. Ihre Väter hatten etliche Tagwerk mehr wie der meine, aber so „groß“ waren sie auch nicht gewesen, daß sie andere runtersetzen mußten. Denn, so groß ist niemand!
Jedenfalls schauten sie mich von oben bis unten an und sagten hämisch: „Wos soin na mi Baunstöchta o'ziagn, wenn a' Kloaheisladiandln scho g'stickte Fürta o'ham?“
Ja, das konnte ich ihnen auch nicht sagen.
Später heirateten sie alle zwei einen „Kloaheisla“.
„Wo ma hi'speibt“, heißt's „muaß ma aufschlecka!“

Des is ma wurscht

„Des is ma so wurscht ois wia wenn z' Minka drinna a Ra'l umfoit!“
Der, der das sagt, sagt es mit gleichgültigem Behagen, weil, was geht es ihn an?
In mir regt sich bei solchen Worten zweifelndes Unbehagen, denn, es muß nicht sein, aber es kann sein, daß zum Beispiel irgendein Urlauber bei irgendeinem Wirt irgendeine schlechte Wurst gegessen hat und jetzt nicht irgendein Zimmer kriegt, sondern genau das neben dem meinen.
Angenehme Nachtruhe! In einem solchen Fall kann mir die Wurst nimmer wurscht sein.
Der Zufall, oder die Fügung, geht oft seltsame Wege. Und dann wird uns das auf einmal recht wichtig vorkommen, was uns zuerst so wurscht war. So wurscht sein hat können.

Dahoam is dahoam!

Dahoam is dahoam, des heart ma oft, vo sillane, de wo aus'm Urlaub z'ruck kemman.
Freili, dahoam ko ma wieda 's Messa a' da Hand a' so schutzn, bevor ma si damit d' Fleischbrocka auf'm Tella vischneidt, oda mit da Gobe d' Solotschüssl a' d'Nachat ziahng.
Ma ko grod aussi plärrn beim Niasn, und de oitn Pantoffe ko ma dahoam aa no ganz zammschlerfen.
Dahoam is hoit dahoam!

Warten

Meine Mutter fuhr vierteljährlich nach Miesbach zum Steuerzahlen. Sie verließ das Haus als ich noch schlief und kam mit dem Zweiuhrbus zurück. Von diesem Zeitpunkt an saß ich am Fenster und wartete. Ich schloß die Augen, zählte bis zehn, immer in der Hoffnung, beim Öffnen der Lider die Heimkehrende erspähen zu können.
Damit verkürzte ich mir die Wartezeit.
Heute habe ich, um etwas zu erwarten, einen anderen Trick. Sitze ich zum Beispiel im Wartezimmer, keiner ist mehr vor mir, packe ich ein Stück mitgebrachten Kuchen oder eine Tafel Schokolade aus.
Wenn ich dann mit vollgestopftem Mund da hocke, kann ich sicher sein, daß sofort die Türe aufgerissen wird: „Der Nächste bitte!"
Warte ich auf einen Bus, entferne ich mich von der Haltestelle, denn erst dann braust er daher.
Einen Telefonanruf erwartest du am ehesten, wenn du schnell ums Hauseck läufst, um einen Arm voll Holz zu holen.
Kaum bist du draußen, läutet es. Mit einem Pack Daxprügel in der Armbeuge zu telefonieren ist nicht angenehm, aber, Du hast nicht warten brauchen!

Wer mechast du sei?

„Wer mechast du sei, wennst du de net waarst, de wost bist?" Meine Schulfreundin stellte mir diese Frage oft aus Langeweile und ich antwortete dann: „I' mechat d' Gleißner Berta sei'!"
„I' aa", sagte sie.
Die Gleißner Berta wohnte zwar im Gemeindehaus mit einem wackeligen Holzstoß vor den niederen Fenstern, aber wenn man auf diesen Holzstoß kraxelte und durch die halbblinden Scheiben lugte, tat man einen Blick in ein Kinderparadies. Etwa vierzig Puppen, kleine, große, hellbezopfte und schwarzgelockte, schliefen in ihren Bettchen, oder saßen auf Stühlchen. Und die Berta durfte mit all diesen Puppen spielen. Soviel und so lange sie wollte.
„Z'rechta Zeit" erstiegen wir den Holzstoß, drängten und stritten uns vor den kleinen Fensteröffnungen, weil sich jede zu wenig sah, und ermahnten uns gegenseitig: „Sei doch stad, wenn ins d' Gleißnerin hert!"
Angstvoll sprangen wir herunter, setzten uns jenseits des Wassergrabens, der das Gemeindehaus umgab, ins Gras und beratschlagten: „Frog du, ob ma de Puppn net amoi genau oschaugn derfn!"
„Na, frog du! I' trau mi net."
Aber einmal wagten wir es doch. Die kleine, rundliche Frau führte uns in einen Raum, in dem es so düster war, daß wir zuerst gar nichts erkennen konnten. Plötzlich erschraken wir. Ein Teddybär, größer als wir selber, starrte uns aus bernsteingelben Augen an und dann begann sich auf der Kommode daneben auch noch ein winziges Karussell zu drehen.
Glöckchen schrillten und die gezäumten und gesattelten Pferdchen wippten auf und nieder.
Über diesem Wunderwerk vergaßen wir auf alles andere, und als wir uns wieder vor der Tür fanden, wünschten wir uns noch sehnlicher als zuvor die Gleißner Berta zu sein. Aber keiner kann aus seiner Haut und so blieben wir die, die wir waren. Bis heute.

Im Gartenhäusl

Als das kleine Holzhaus in unserem Garten erstellt wurde, wollten die Leute wissen, für was.
„Fi d' Kinda zum Spieln", erklärten wir ihnen.
„A Arwat umasinscht", meinte jemand, „sowas is net lang luschti!"
Er behielt nicht recht. Das Häusl wurde von den Kindern mit stürmischer Freude bezogen. Dort konnten sie ummachen wie sie wollten, konnten lärmen, lesen, streiten, raufen, kochen, weinen, lachen.
Freundschaften wurden geschlossen, Briefe kündigten sie wieder. Einen davon habe ich aufbewahrt: „Lieber Häusl-Klub! Nach 1/4-stündiger Überlegung habe ich mich entschlossen, den Klub zu verlassen. Was Felix und Lisl mir heute angetan haben, das geht zu weit! Maus ins Genick werfen, auf die Schenkel schlagen, das lasse ich mir nicht mehr gefallen. Hochachtungsvoll: Toni."
Viel Zeit ist seit dem Schreiben dieser Anklage vergangen, in und ums Häusl ist es zwischendurch „stad" geworden, aber leer stand es trotzdem nie.
Der Großvater brauchte es als Austragler zum Sonnen, Sinnen und Bocken. Immer wenn ihm was nicht paßte, verzog er sich ins Häusl, und wenn man ihm dann zum Essen schrie, schrie er zurück: „I brauch nix vo enk!"
Ja, und irgendwann mag sich auch einmal ein junges Paar geliebt haben in dem Gartenhäusl. Wer weiß?
Jetzt sind wieder Kinder drinnen. Und morgen? Wer wird morgen da hinten spielen, busseln oder trotzen? Es wird sich weisen.

Erinnerungen

Jedes Jahr, wenn ich mich zur Tölzer Leonhardifahrt rüste, denke ich bald fünfzig Jahre zurück, an jenen Tag, an dem mich mein Vater zum „Lechads auf Tilz“ mitnahm.
Wir fuhren mit dem Rad, und ich hatte ein dunkles Mäntelchen an, auf dessen Kragen ein weißes Hasenfellchen genäht war.
In der Marktstraße ließen wir den Leonhardizug an uns vorbeiziehen, aber dann hatte es der Vater eilig auf den Kalvarienberg hinauf zu kommen, er wußte, dort oben würde er seine Bekannten treffen.
Den Schluß des Zuges hatte ein Esel gemacht, und weil es vielen so pressierte wie meinem Vater, wurde der Esel von der Menge eingekeilt, er konnte weder vor noch zurück und mußte stehenbleiben.
Ein Zuschauer, ein Rohling sondersgleichen, hob den Hax und trat dem armen Tier mit seinem Haferlschuh in den Bauch. Der Esel schlug aus, und weil ich genau hinter ihm stand, mich aufs Knie. Er hatte kein Eisen am Huf, trotzdem tat es weh, so weh, daß ich humpelte.
„Des vogeht scho wieda“, sagte mein Vater. „Mi kaafan ins na a’ Wurscht!“
Diese Aussicht linderte meine Schmerzen.
Leider konnten wir hernach in den überfüllten Wirtschaften keinen Sitzplatz finden. Alle Gaststätten waren brechend voll.
Erst in der Bahnhofsrestauration kamen wir zu unserm Sach. Die Kellnerin stellte uns die Teller auf die Bank, auf der wir hockten, und da zersäbelten wir unsere Weißwürste.
Dann fuhren wir heim.
Heute wenn mir das passieren tät’, daß ich mit dem Radl auf Tölz treten müßte, dabei jämmerlich an den Fingern frieren würde, mich der Esel schlüge, und dann noch meine Wurst nur unten auf dem Banksitz essen könnte, da wär’ der Teufel los!
Aber dortmals waren die Zeiten und auch ich recht bescheiden. So konnte ich, als mich meine Mutter fragte, wie es bei der Leonhardifahrt gewesen war, sagen: „Schee!“

A’ de dumma Jahr

Ein einzigesmal im Leben sah ich die Oberammergauer Passionsspiele. Unser Herr Pfarrer hatte die Reise für seine Feiertagsschüler organisiert.
Unsere Eltern mammsten zwar ein bisschen, was das schon wieder kostet, und daß es sowas in ihrer Schulzeit „net braucht hot“.
Außerdem erwähnten sie, daß es erst vor ein paar Wochen in der Zeitung war, daß es einen Omnibus samt seinen Insassen „übakerwet hot“, aber ernstlichen Widerstand leisteten sie keinen.
Zu den Passionsspielen zu fahren, kam ja doch fast einer Wallfahrt gleich, außerdem war der Pfarrer dabei. Da konnte nicht viel passieren.
Gerade darin täuschten sie sich, denn schon im Omnibus setzte sich der schwarzgelockte Schulcasanova neben mich.
Der Herr Pfarrer forderte ihn auf, sich wegzubegeben, aber der Bursche trotzte und blieb einfach hocken.
In Oberammergau gelang es dem Geistlichen uns zu trennen, wir kamen auseinander und mir blieb Zeit, mich neu zu verlieben.
Der Christusdarsteller hatte es uns, mir und meiner Freundin, dem Lisä, angetan. Wir schwärmten daheim noch von ihm und beschlossen, ihn „a d’ Marktmusi“ nach Holzkirchen einzuladen.
Wir taten es aber dann doch nicht. Ob er überhaupt gekommen wäre? Wahrscheinlich!

„Dourat“

„Heit derf ma mit da Schui as Prähistorische Museum geh“, verkündet der Viertklaßler in der Frühe im Familienkreis.
„Wo derfst hi?“ Der Großvater streckt bei seiner Frage den Hals, um die Antwort leichter verstehen zu können.
„As Prähistorische Museum!“ wird ihm laut und deutlich und auch ein wenig ungeduldig erwidert.
„Ah so!“ Der Alte schüttelt verwundert den Kopf: „Und i' hob vostana, a' d' Brechaspitz.“
„A' d' Brechaspitz z' Minka drin!“ So spöttelt einer, und die anderen grinsen dazu.
Ja, so ist es, wenn einer „dourat“, schwerhörig ist, dann wird er „derbleckt“, oder gleich gar verdächtigt, mit Fleiß nichts verstehen zu wollen.
Freilich, es gibt welche, die stellen sich taub, mögen nicht begreifen, lassen an sich hinreden wie an einen Hackstock. Sie hören ein Ja, wo es nein geheißen hat, und umgekehrt, und tun was sie gern tun.
Sie sind nicht „dourat“, sie sind „kamod dourat“, und am bemitleidenswertesten, denn ihnen hilft kein Hörgerät.

Der Zopf

Der aufkommenden Mode und dem anfeuernden Rat einer Städterin gehorchend, ließ ich mir in den fünfziger Jahren einen Bubikopf schneiden. Ich weiß noch, wie mir siedendheiß wurde, als ich die Schere im Nacken klappern hörte, und mein langes Haar zu Boden fiel, denn ich hatte gegen den Willen meiner Angehörigen gehandelt. Heute kann sich kein Mensch mehr vorstellen, welche Familientragödie damals ein abgeschnittener Zopf heraufbeschwor. Er schien Existenzen zu bedrohen und die Zukunft zu zerstören.

„Moanst, daß ins no ebba a' Kuah o'kaaft, bois du obgschnittne Haar host?" fragte der Vater erzürnt, und die Mutter fürchtete: „Oda daß di no oana mog? Koa Gscheita gwiß nimma!"
Alle zwei waren sich einig: „Schaama muaß sa sie, wo's geht und steht. Und mit damit!"
Sie fanden weitgehendst Unterstützung in ihrer Meinung: „Greisli, greisli", entsetzte sich das Basl, „wia oane, de wo eigsparrt gwen is!"
Ein anderer spottete: „Jetz schaugst sauba aus! Und's Miadagwand konnst aa nimma o'legn!"
Der Trachtenvereinsvorstand, dadurch um ein aktives Mitglied ärmer geworden, bedauerte: „Ja, wenns na koane so scheena Haar net ghabt hätt!"
„Und wos da Frisär Geld koscht!" erinnerte der Bruder.
Mir wurde es ein zweitesmal heiß. Was half's? Der Zopf war ab.

Akrat wia da Chiemsee Franzl!

Jeder Mensch hat einen Doppelgänger. Ich zum Beispiel wurde schon öfters mit „Frau Doktor“ angeredet.
Recht schmeichelhaft für mich so „hochgelahrt“ zu gelten, aber im Vergleich zu meiner Freundin ist es „gar nix“.
Ein verliebter Italiener sah in ihr, wegen ihres schwarzen Haars und ihrer blauen Augen, eine zweite Liz Taylor. Von diesem Urlaub zehrt sie heute noch.
Eine Nachbarin meinte meinem Mann gegenüber: „Du kimmst ma akrat a' so fi wia da Chiemsee Franzl!“
Weil er selber den Chiemsee Franzl nicht kannte, wußte er nicht, ob er sich dagegen wehren sollte? Ob es eine Schmeichelei oder eine Gemeinheit war?
Inzwischen haben wir von dem Chiemseefranzl ein Bild gesehen. Es war keine Gemeinheit. Weder für den Meinen, noch für den Franzl.

Silba und Gold

Ma redt vo an goidan Herz,
nia vo an silban.
Wenn oane oan heirat, der vial Geld hot,
na hot s' an a' Goidgruabn einig'heirat.
D' Goidmedaille gilt mehra wia de silbane.
Fi a' Goidstückl kriagst mehra wia fi an Silbatala.
A' goidas Ringl blitzt bessa wia a' silbas.
Goidane Haar san scheena wia silbaweiße.
Oiwei is 's Goid irga g'schatzt.
Bloß bei da silban Houzat is andascht,
do derf ma frouh sei, daß net de goida is.
Worum brauch i' net sogn,
des is leicht zum daroatn!

Koa Acht

Als mein Vater einmal marodi war, kam der Nachbar und brachte ihm eine Flasche Wein.
Der Vater ließ sich gerne betteln und sagte: „Koan Wei' derf i' koan trinka!"
Der Andere klemmte sich daraufhin die Flasche wieder unter den Arm: „Ja, na nimm i'n wieda mit, wenn i' koa Ehr aufheb damit!"
Mein Vater war sehr zornig über seinen eigenen Rechenfehler, und als ihn sein Freund ein zweitesmal aufsuchte, diesmal allerdings ohne Weinflasche, schenkte er ihm keinerlei Beachtung, schaute statt dessen starr an ihm vorbei zum Fenster hinaus. So lang, bis der Mann aufstand und zur Tür hinausrumpelte: „Wennst ma du koa Acht net gibst, na muaß i' hoit hoam geh!"
Der Vater schickte ihm ein halblautes „Knickata Deifi, bleib dahoam", nach.
Der blieb aber nicht daheim, kam Sonntag für Sonntag, und der Vater gab ihm „schee langsam wieda a' Acht."

Hamm ma und hamms

An Gmoabladdl is desmoi gstandn, daß Hartpenning a' „Sonnenstudio" hot.
„Koan Bäcka und koan Krama", hob i' gmeutat, „hamms nimma, aba a' Sonnenstudio!"
Mei Schwiegasuh schaugt mi schiach o': „Wos hoaßt do hamms? G'hörst du net zu Hartpenning? Hamm ma, muaßt sogn, net hamms!"
„Du derfst ganz stad sei!" gib i' eahm aussa, „wei' boi da Hartpenninga Fuaßboiverein g'winnt, na plärrst: Heit hamm ma gwunna! Und wenn a' vospialt, na hör i' grod: Vospialt hamms!"

D’ Feiatogsdeifen

„Los ’s Chrischtkindl guat kemma, und feiat recht schee!“ riefen mir meine Freunde zu, als Weinachten kam.
„Frohes Fest!“ stand auf der Wurst, die mir mein Metzger schenkte.
Aus der Zeitung flatterte mir ein Zettel entgegen, mit dem mir ihre Trägerin fröhliche Weihnachten wünschte.
Jede Ladenglocke bimmelte es, in allen Briefen, auf allen Karten, die mich erreichten, war es zu lesen. Aus dem Radio tönte es: „Frö-hö-li-che Weih-nacht üb-er-all!“
Als ich kurz nach dem Fest eine fragte, ob sie die Feiertage gut verbracht habe, winkte sie ab: „Woas moascht, wos mi passiert is! I’ hob an Apfekuacha bacha und hob stott’m Zucka s’ Soiz dawischt. Glaabst, mit war des ganz Weihnachtn vopatzt!“
Ich frage mich, warum treffen solche Dinge ausgerechnet an den Feiertagen zu?
Sind wir dem Christkind das Jahr über zu wenig brav gewesen?
Erst das Gespräch mit der Leitner Loni von Reitrain brachte Licht ins Dunkel.
„Des machan d’ Feiatogsdeifen“, wußte sie. „Des hot mei Muadda scho oiwei g’sogt. De hebn si de ganz Zeit staad, aba boi d’ Feirtag kemman, san s’ do. Do foit na da Chrischtbaam um, oda da Bratn vokoiht...“
„Oda d’ Kartoffeknial dawoachan“, ergänzte ich. Denn bei mir sind sie letztes Weihnachten auch gewesen, d’ „Feiatogsdeifen“.

EDUARD JOSEPH WUTZER

Anno 1932 in München geboren, seit 1957 mit einer Münchnerin verheiratet, zwei Töchter und mittlerweile auch zwei Schwiegersöhne und ein Enkelkind.
Die ersten zwanzig Jahre seines Lebens war er hauptsächlich Sohn, bis er schließlich nach dem Gymnasium zur Deutschen Bundesbahn kam.
Seit 1976 leitet er den Münchner Hauptbahnhof und rastet sich davon, wenn es seine Zeit erlaubt, im schönen Schliersee aus.
„Des is de feine bayrische Art", meint er, „de Leit ins G'sicht schaun, mit zwoa Fiaß am Bodn steh und trotz alle Faxn neamand weh doa."

Kraftausdrück

Neineckerte Heigeing!
Achtfotzerta Bauerndada!
Siemgscheide Spinatwachtl!
Sechszahnerter Noagerlschlecker!
Fümflagiger Hennadreck!
Viermoigspitzter Topfakas!
Dreipfündiger Pfundhamme!
Zwoahaxerts Stinkwimmerl!
Oagaggerter Semmegeist!

Kritik am Nächsten

Kritik am Nächsten zu erheben
steht dem zu, der in seinem Streben
sich stets um Toleranz bemüht
und sich auch selbst mit einbezieht.
Kehr man vor seinem eig'nen Tor,
kommt oft der gleiche Schmutz hervor
und soll der eig'ne Ofen brennen,
wird man vergleichsweise erkennen,
daß eig'ne Öfen schließlich auch
nicht brennen können ohne Rauch!

Persönlich wäre zu bemerken:
Ich kenne alle meine Stärken
und was bei mir seit je besticht:
Ich habe keine Schwächen nicht!

Rentnerinnen-Vision

Gleich, ob sie Geld hat, oder keins
ist eine Rente ganz was feins!
zwar schuftet sie ein langes Leben
bis sie ihr schließlich etwas geben,
doch ist es endlich dann soweit,
ist Arbeit nur Vergangenheit.
Statt dessen gibt die Rentnerin
sich nur noch dem Vergnügen hin.
Beim Tagesablauf beispielsweis'
fühlt sie sich schon im Paradeis:

Am frühen Morgen, gegen Zehn,
wünscht sie am Bett den Tee zu seh'n,
setzt sich danach, vom Bade frisch,
an den gedeckten Frühstückstisch,
wo sie mit einem Gläschen Sekt
den schwachen Blutdruck auferweckt.
Dann hat sie's eilig, auszugeh'n
zu Vernissagen, Matineen,
zum Shopping in den feinsten Straßen,
fernab von jenen Menschenmassen,
die, weil sie keine Rente haben,
durch Kaufhäuser und Märkte traben.
Am Nachmittag verfällt sie brav
zwei Stunden in den Schönheitsschlaf,
belegt mit Creme und Gurkenscheiben,
damit die Fältchen Fältchen bleiben,
weil das, so rät ihr Visagist,
in diesem Alter wichtig ist.
In solcher Weise aufgemotzt
– daß sie vor lauter Schönheit strotzt –

folgen am Abend die Soireen,
flanieren in den Stadtalleen,
Opernbesuch oder Theater,
ein Freundeszirkel, ein privater,
und schließlich, daß es richtig funkt,
die Diskothek als Höhepunkt.
In dem Gedränge und Radau,
da läßt sie sie dann raus, die Sau.

Ansonsten liebt sie Eleganz,
besucht den „Five-o'clock-tea"-Tanz,
ist täglich beim Coiffeur gebucht,
als Bridge-Aidesse sehr gesucht,
bevorzugt Pralinés zum naschen,
benutzt ausschließlich Krokotaschen,
nur Düfte von Madame Channel
oder was sonst recht aktuell,
liest nicht mehr Bücher, nur Lektüre,
dreimal die Woch' zur Maniküre.
(Beim Pediküren spart sie dann,
weil man die Füß' nicht sehen kann!)

Der Rentnerinnen Spitzenschwarm
ist allerdings die Schönheitsfarm,
denn dort gibt sich die Rentnerin
ganzkörperlich der Pflege hin
und kann – fast einmalig auf Erden –
in Tagen Jahre jünger werden.
Nur, wenn das Alter zu schnell weicht,
kanns sein, daß man die Rente streicht.
Das fürcht' die Rentnerin indes
und fällt in Rentnerinnen-Streß!

Ein Fremdwort ist die Hausarbeit.

Sie bringt nichts ein, stiehlt nur die Zeit,
macht schmutzig und die Nägel kurz,
verpflichtet fast zum Wickelschurz,
degeneriert die Rentnerin
im allerwiderlichsten Sinn
zur Hausfrau, die sie früher war.
Zudem noch ohne Honorar,
denn für das „Dolce far niente"
bezieht sie schließlich eine Rente –
deuten die Partner schlicht und brav
den Taschengelder-Paragraph.

Und außerdem, was würde dann
der Rentner tun, ihr Ehemann?
Die Langeweile fräß' ihn auf,
der Müßigang nähm' seinen Lauf,
es gäbe Hader, Streit und Zank,
womöglich würd' er sogar krank!
Das will die Rentnerin mitnichten,
drum gibt sie ihrem Partner Pflichten
auch, wenn sie nicht mitanseh'n kann,
wie er sich plagt, der arme Mann.
Sie tauscht die Küche willensstark
deshalb mit einer Bank im Park
und lästert laut voller Bravour,
mit einem Blick auf ihre Uhr,
über die Leut', die auch dort ruh'n
und sinnlos ihre Zeit vertun.

Sie wär da, meint sie voller Stolz,
aus einem gänzlich andern Holz.
Bevorzugt sie doch jetzt das Reisen
auf Trambahn-, U- und S-Bahngleisen
mit ihrem Seniorenpaß!

Nur schade, daß der ganze Spaß
so sehr mit „Senion“ verbunden
und somit alle Bahnfahrkunden
erfahren – und das ist gemein –
die muß schon etwas älter sein!

Soweit der Rentnerinnen-Traum,
realisierbar ist er kaum!
Allein schon, weil der Rentner-Mann
die Arbeit gar nicht machen kann,
denn er hat unabänderlich
das Arbeitsleben hinter sich
und erst noch lernen, sich zu sputen,
das ist ihm wohl nicht zuzumuten.

Seniorenwunsch

Jetzt fangt des scheene Fruahjahr o,
bringt neie Kraft für Frau und Mo,
laßt Bleame, Sträucha, Baam und Wies'n
und alles andre frisch erspríeßn.
I bitt' di, Fruhjahr, sei so frei
und geh net ganz an mir vorbei!

A bisserl nachdenga

Is ma ehrlich und bereit,
objektiv über de Zeit
nachz'denga, in der mir leb'n:
Hat's kaum je a Bess're geb'n!
Jeder is in unserm Gei,
bis auf wenig, frank und frei,
hat, sofern er bei Verstand,
aa was in da Hinterhand.
Lustig derf ma sei und lacha,
oiß, was oan in Sinn kummt, macha,
rumfahrn in da ganzn Woit,
fast oiß kaffa, was oan g'foit.
Wer nur wui und tuat dazua,
hat zum guat'n Leb'n gnua.
Neamd hat Grund zum Lamentier'n,
oisamt kannt ma harmonier'n,
wenn net jeder grad des mächt,
was er über eam daspecht.
Was da Nachbar, a weng reicher,
hat in Garten, Haus und Speicher,
größa, scheena, mehra Moos
und nach außen grandios.

War's net no besser, unser Zeit
mit am Schuß Bescheidenheit,
tat a weng nach unten schaung
net fast für an jeden taung?
Neamand soi se dabei zier'n –
auf geht's, laßt's es uns probiern!

Schadenfreid

„Mensch, der schiaglt, den schaug o,
wia der d'Aug'n verdrallern ko.
neamand siecht, wohi der schaugt,
i glaab scho, daß eam des taugt!"

So, wenn aa net grad im Reim,
offen oder ganz geheim,
hörst' as auf'm Schuihof red'n
und oamoi dawischts an jed'n.
Weil de Saubuam, de ganz frechen,
jed'n Fehla, jeds Gebrechen
ohne Gnade registrier'n
und damit herumhausier'n.
Alle laufas da ins Messer
– Madl san koa Laus net besser –
denn des Scheenste, des is hoit,
wenn was aus'm Rahma foit.

Bal ma moant, es san bloß Kinder
hinter söllan Sach dahinter,
täuscht ma se, aa große Leit
möng am liabsten d'Schadenfreid!

Übersinnliches

Wenn a Geist im Dachstui spukt
oder an am Tischerl ruckt,
daß glei s'Medium daschreckt
weil's no nei is ois Objekt...

Wenn a Buidl owafoit,
trotzdem, daß da Nagl hoit
und man glaubt ganz obstinat,
daß se da was o'kündt hat...

Wenn i in am Kaffesatz
gläubig umananander kratz,
weil i aus dem Zeig erfahr',
wia's jetzt werd und was scho war...

Wenn oa mit de Wasseradern
und de Geoströme hadern,
weil s'es, konnst as ja kaum fass'n,
im achten Stock net schlaffa lass'n...

Wenn da jeder bläde Traam
ois was ganz Reals vorkam,
des bloß wart, daß ma's bei Zeit
in da rechtn Richtung deit...

Wenn ma mit am Kart'nspui
Zukunft außerkitzln wui,
daß ma aa den kloanstn Sch...
lang, bevor er stinkt, scho woaß...

Wenn ma se Gedanken macht,
wann oan Drud druckt bei da Nacht
und suacht schließlich umanand,
wer oan sowas g'wünscht ham kannt...

Wenn ma a verborgens Ding
auspendelt mit aram Ring,
weil ma, wenn ma fest dro denkt,
glaubt, daß des as Pendel lenkt...

Wen ma des, was ma gern sagt,
telepathisch übertragt
ohne, daß es bei da Post
aa nur einen Pfennig kost...

Wenn oana vom zwoatn G'sicht
oder bösen Omen spricht
und is nacha so dahaut,
daß er se glei garnix traut...

Wenn – da kummst fast nimmer z'Rand –
mit dem Zeigl übernand,
des normale Menschn glau'm
und se ihrer Ruah berau'm...

Oder is de Überzahl
doch net gar so arg normal?
Kannt aa sei, daß ganz profan,
manche besser ein'gweiht san,
de geheimen Lehren kenna
und sie Esoterik nenna.
De, wo se des net erlau'm,
nennas einfach Aberglau'm.

Meinetweng konn jeder gern
auf eigne Façon selig wern!

Zum Beispiel der Raucher

Da Nichtraucher fragt penetrant
was denn am Raucha schee sei kannt,
eam kratzert scho a wengerl Rauch
in seiner Gurgl und im Bauch
und s'Wasser stand eam in de Aug'n,
so wenig taat der Rauch eam taug'n.

Des waar scho recht, moant da der Raucher,
bloß epps tat hoit a jeder braucher,
des eam a echte Lustbarkeit
und Freid in seinem Leb'n bedeit.
Denn richtig sag'n, was eam da schmeckt,
des konn er net, des is verreckt.
So gern hätt er a Argument,
des ma dagegn haltn könnt
gega am Nichtraucher sei Frag.
Wia er's a drahn und wendn mag,
er konns hoit einfach net erklärn –
drumm sagt er schlicht: I rauch halt gern!

Des is an alle Suchtn schlecht,
daß ma's oiwei begründ'n mächt,
bevor ma eisicht, daß de Sach
am Willen liegt – und der is schwach!

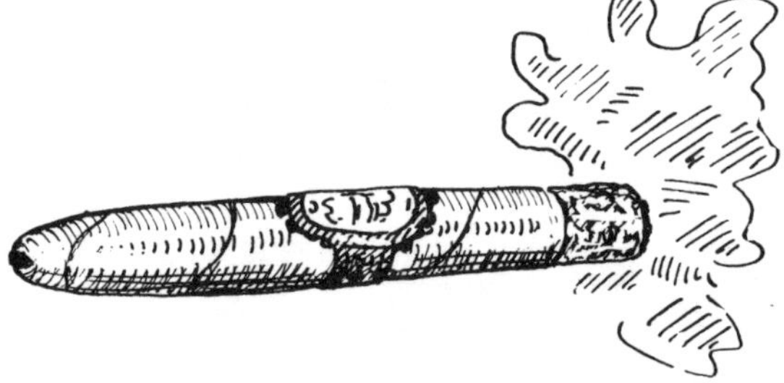

Alkoholfrei

A Bierdimpfe, des is a Mo,
der nix'n anders tringa ko,
ois wia a Bier den ganz'n Tag,
weil er was anders hoid net mag!
Koa Trinker is er, aa net krank,
handsam und g'miatli, Gott sei Dank,
und red'n konn ma mit eam aa,
denn hirnlich is er völlig da.
Am liabst'n redt er übers Bier,
sei oanzigs Lebenselixier.
Wia s'oane und wia s'andre schmeckt,
da hoit er si meistens bedeckt.
Am wichtigst'n is Tempratur,
da leist' a da an jed'n Schwur!
Bloß neili hat da Wirt zum Spaß
a Fliang neido, in seine Maß,
des hoaßt, a Fliang wars net in echt,
es war, mit Foam ganz mundgerecht
a „Bleifreis“, ohne Alkohol,
schee kühl und übern Eichstrich voll.
Des setzt er o, ziagt siebzehn Schluck
in Schlund und loant se friedlich z'ruck:
„Da kannst ja, sagt er, einekriacha,
man ko sogar an Hopfa riacha,
des is a Bier, meinen Reschpekt,
a sell's muaßt suacha, des so schmeckt!“
Am Wirt wars gar net mehr zum lacha:
Des werd do net Furore macha,
da hängert jeder, wia beim Wei'
sein Gimpe erst in Maßkruag nei!
Und hams dann alle an Katarrh,
derfst gar net denga, was dann war!

Betrachtungen über einen Hacklstecka

Aa, wenn me manchmoi d'Leit dablecka
i mag'n gern, mein Hacklstecka!
Aus uroid boarischer Manier
is er net bloß a Manneszier,
sondern a Sach, de jeder braucht,
damit'n s'geh net aso schlaucht.
Net z'kloa, net z'dick, aweng barock,
so zoagt er se, mei Hacklstock.
Recht zach in seiner ganzn Art
und trotzdem Biegsamkeit bewahrt,
hat er in seinem ganzn Le'm
an Hoit si selm und meiner ge'm,
weil er, wenns auf- und abwärts geht
mi'm eisern Spitz am Bod'n steht.
Aus Haselnuß mit o'm a Kruck'n
kennt er koa Müah und koane Muck'n,
is selbstverständli mit dabei,
bei jeder längern Hatscherei
und bsonders, wenn ich bergsteing muaß
is er so recht mei dritter Fuaß!
Schaugt ma genau, werd ma gewahr:
Verwandte hat er aa a paar.
Zum Beispui is er ganz markant
mi'm Tatznsteckerl eng verwandt
und einem Taktstock steht er aa
mitunter unvergleichlich nah.
Denn schließlich konn er, wia de zwoa,
ganz akkurat des gleiche toa,
bloß is er hoit in seiner Art
recht schlagkräftig und net so zart.
Sei Schlagkraft, wenn ma dabei bleim,

de konn a harbe Handschrift schreim.
Natürlich brauch i'n dazua net,
doch unterstreicht er diam mei Red,
de dann ganz klar, von vorn bis hint'
an Überzeigungskraft gewinnt.
Drum rat i ohne groß Getua:
Legts eich an Hacklstecka zua,
der steht sei ganz Le'm guat im Saft
und spart in jeder Weis vui Kraft.

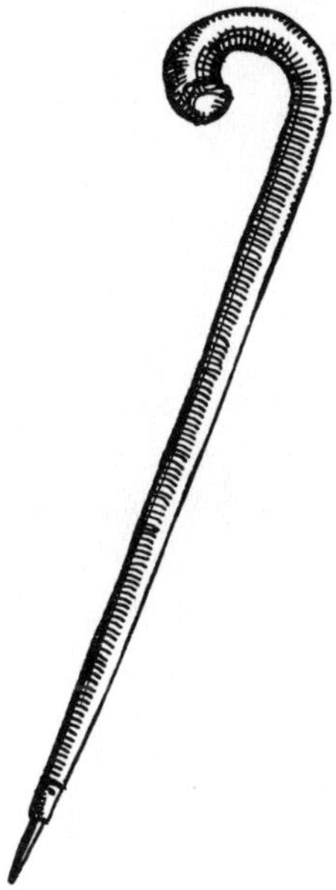

Da Opa

Da Opa mag as Bier recht gern,
doch er vertragts hoit nimma,
a Quartl laßt'n schwipsig wern,
a Hoibe no vui schlimma.
Er selber glaabt's net, aber mia,
mia ham eam kurz entschloss'n,
statt a normal'n Hoibe Bier,
a „Bleifreis" einegoss'n.
Da Opa hat se g'freit und grinst,
an de acht Hoibe trunga,
ganz listig mit de Eigerl g'linst
und dann hat er uns g'wunga:
„I woaß garnet, was oiwei is,
soi i koam Bier mehr tringa?
Bei jed'm Schluck ziagts es a G'fieß,
da muaß' oan langsam stinga!
Schaugts mi doch o, wia kerz'ngrad
i dasteh' ohne wank'n,
seid's es so oid mit mein Format,
kennt's eichern Herrgott dank'n!"

Da Profi-Eisenbahnfahrer

Beim Zugfahrn ist da höchste Schatz
in Fahrtrichtung a Fensterplatz!
Weshalb da Profi, höchst versiert,
stets eine Zeitung mit sich führt.

Hast so an Platz, legst vis-a-vis
sofort a dicke Zeitung hi,
daß jeder siecht, da is besetzt
und in a anders Abteil wetzt.

Da Fensterplatz bleib aa bewahrt,
wenn gar da Zug moi z'ruckaus fahrt,
dann tauschst ganz ohne Vorbereitung
einfach dein Hintern mit da Zeitung.

Wuist di dann außerdem no pflegn,
konnst deine Füaß auf Zeitung legn,
Ziagst gangwärts no an Vorhang zua
und hast vom andern G'schmoaß dei Ruah.

Des dauert, bis da Schaffner kimmt
und, während er dein Fahrschein nimmt,
beständig deine Füaß o'schaugt
weil eam de Lagerstatt net taugt.

Er ziagt de Vorhäng wieder auf,
hebt dei Gepäck ins Packnetz nauf
und moant recht freindlich, aber streng:
„Da stenga d'Leit drauß auf de Gäng!

De laß ma jetzt ins Abteil rei,
des werd zwar net so g'müatlich sei,
doch kummas dann anstatt am dösen
endlich amoi zum Zeitung lesen!"

Da Blasi

Da Blasi hat drei Nächt durchg'macht,
koa Stünderl hat er g'schlafa,
am Schluß hats dann no richtig kracht
und de Blessur'n vom Rafa
war'n zwar verteilt, doch hauptsächlich
hats 'n am Belle troffa,
drum is er trotz sei'm Tatterich
ganz g'schwind zum Dokter g'loffa.
Kasweis im G'sicht und bluatverschmiert
is er in d'Sprechstund ganga,
a bissl hat er si scheniert,
grad hat er si no g'fanga:
„Mia is, sagt er, so blümerant,
so nodig und zum wimmern,
i fürcht, daß i boid umsteh' kannt,
de Stern sich i scho flimmern!"
Da Doktor grinst: „Mei liaba Mo,
des is ja schier zum woana,
wenn i mi recht erinnern ko –
so z'sammg'richt war no koana!
Da konns scho sei, daß'd nimmer wer'st
nach so am schlimma Rafa,
an deiner Stell' tat i vorerst
koa Langspuiplatt'n kafa!"

D'Bruin

Wer gern de Madl nachelinst
und sicht nimma so richtig,
ob Zunga bläckt werd oder grinst,
für den is langsam wichtig,
daß er si um a Aungglas schaugt,
für d'Näh und aa für d'Weitn,
des grad so guat zum lesn taugt –
da gibts nix zum bestreitn.

Entschiaßt di, geht as Gfrett scho o
beim Aungdokta, min wartn
und bist beim Optiker erst dro,
dann stehst vor tausend Artn
von Bruin und alle san recht schee:
Aus Horn, aus Stahl, aus Nickl,
doch wui ma schließlich koa Klischee
am eigna Nasnzwickl.

Wia waars mit oana ohne Rand
und gar mit an Monokl,
da hauerts d'Freinderl ausm Stand
glei reihenweis vom Sockl.
Genauso waars mit am Lorgnon,
aa mit an goidna Zwicka,
doch geldarm in da Position
muaß ma min Gerstl knicka.

Dann gibts no oa zum Zammaleng,
aa „Oben Ohne"-Brillen,
doch scheicht a jeder des Gehäng
so quer vor de Pupillen.

Beim Einglas denkst sofort an's Klo
mitsamt der Bruin, der weißn
und konnst de bloß dank dein Niveau
von dem Gedankn reißn.

Kontaktlinsn san nix für di,
des woaßt scho von dein Vater,
wenns außafoin, sans meistns hi
und dann gehts los, s'Theater.
A Sonnabruin brauchst ender net
bei unserm schlechtn Wetta
und Kassng'stella, ganz kongret,
de tragt ja scho a jeda.

A rosarote Bruin miaßts gern,
danach tat ma weit laafa,
doch de kriagst in deim ganzn Lem
garniagands net zum kaafa.
De hat aa koa bestimmte Form,
de tragst nur in dem Denga
und manchmoi huifts da ganz enorm:
Dei Gfui muaß da de schenge!

As Gschifi!

Beim Schafkopf sitzens beianand,
a Dame und drei Männa,
as Solo spuins grad aus da Hand,
man sicht scho, daß ses kenna.
Mit fünf, zehn, fuchzehn zahln ses aus,
a Zehnerl ab drei Herrn.
Da reißts da s'Diridari raus
und koana zahlt des gern.
De Oana stinkta, wanns verliern,
de andern müaßn lacha,
a jeder tuat a so possiern,
ois tats eam gar nix macha.
Bloß sie, sie zwinkert vor sich hi
und wischpert in sich eina:
„Geh, zwengs dem lumperten Gschifi,
da wer i doch net greina!"
Glei hackl'n da de andern ei
– verstand'n hats fast koana –
was für a Red soll des denn sei,
„Gschifi", was werds da moana?
Si feixt scho übers ganze G'sicht
und schpuit de Tugendsame:
„So manches eignet sich halt nicht
für d'Red von einer Dame!
War i des net, dann kannt i scho
laut hörbar für an Jed'n
und grad so deftig, wia a Mo,
vom „G'schissna Fimferl" red'n!"

HANS SOLLACHER

Jn Kreuth 1926 geboren und dort mit drei Brüdern aufgewachsen. Vater war Holzknecht. 1941 bei der Gemeinde Rottach-Egern als Verwaltungslehrling eingetreten und 47 Jahre später (1988) als geschäftsleitender Oberamtsrat ausgeschieden. Dazwischen im Krieg als Gebirgsjäger, 1945 in Italien schwer verwundet.

Neben dem Beruf Mundartpflege und -forschung (Inhaber der Schmeller-Medaille), freier journalistischer Mitarbeiter des Münchner Merkur, Schriftleiter der Zeitschrift „Tegernseer Tal", Fortführung der Egerner Chronik, Archivpfleger der Gemeinde Rottach-Egern.

Höchste Zeit

Wenn da wieder amoi gar nix mehr paßt,
wennsd an dö Leut koa guats Haar mehr laßt,
wenn da d'Semme is z'hart,
und da Kaffee z'stark,
wennsd so furtgrantelst den ganzen Tog
daß die koa Mensch mehr mog,
wennsd wegen jeden Kaas zum Anwalt rennst,
wennsd deine alten Spezi nimma kennst,
wennsd Frau und Kinder schikanierst
und selba koan Finger mehr rührst,
wenn da's koana mehr Recht mach ko',
nacha, mei liaba Mo',
werd 's Zeit, daß die amoi wo abikeit.
Daß da an Hax brichst oder an Arm,
daß d' dohängst, ganz wehleidig und arm,
daß d' ins Spital kommst, in a Zimmer mit andere z'samm,
dö aa an bluatigen Wehdam ham,
dö die ganz Nacht huasten, fluachan und stöhnan,
daß d'Liachta ausgehngan,
daß d' um a Schmerzspritzen bettelst wia a Kind,
daß d' die Minuten zählst, bis d'Nachtschwester kimmt!
Dös oiß, mei liabe Mo, dös wünsch i dir
daß d' wieder kriagst dös richti' G'spür,
daß d' spannst, wia kloa daß d' eigentli bist,
wennsd so armselig auf'm Buckel liegst
und daß dir dann a Liacht aufgeht
über dös was zählt im Leb'm und was net.

Bürgerbeteiligung

In der Stadt und auch am Land,
da haut s' es umanand,
die Volksvertreter, groß und kloa
in dö Parlamente ihrer Gmoa.
Dem Verkehr werns nimmer her,
wissen keinen Rat sich mehr.
Die Bürger werden schon rebellisch
und hoazen eahna ei' ganz höllisch.
Oa Sitzung jagt de ander,
d' Meinungen prall'n grad so aufeinander:
„A Ortsumgehung, dö muaß her,
sonst geht überhaupt nix mehr“,
so tuat die Union plädiern,
d'Sozi möchten d'Auto ganz verbia'n,
die Greana woll'n d'Hauptstraß sperrn,
nach einer Tiafgarasch die andern plärrn. –
So hakelns miteinander,
oa Johr ums ander,
doch nix kimmt raus dabei,
weil's stark san bloß mi'n Mäu.
Es werd' weiter plant und diskutiert,
Kosten kalkuliert,
Experten geben eahnan Senf dazua
und der Verkehr nimmt oiwei mehra zua.
Wenn endlich dann die Planung steht
und ma moant, daß jetz' was vorwärts geht
und denkt, jetzt waars so weit,
dann fragt ma noch die Bürgersleut
ob dös Projekt aa eahna gfoit,
was alles kosten tuat – und wer dös zoit. –
Doch damit fangt der Streit erst richtig o'

was nacha kimmt, ös wißt's es scho'
da kemman dann dö Einsprüch rei'
und alle ziag'ns die Köpf und Schwanzl ei'
denn wenn des Volkes Stimme sich erhebt,
und das Wahlkampflüfterl weht.
dann will man sich's mit koam verderbn; sie ham nur oa Begehr'n:
G'wählt woll'ns alle wieder wer'n.

Zum Siebziger

Jetzt host as aa scho so weit bracht
Host Dir an Siebziga angelacht,
Host überstanden d'Masern, d'Lehrer und dö gelbe Sucht, –
Host dös rechte Weib Dir ausgesucht,
Host mit Fleiß, Verstand und Glück,
An Existenz dir aufbaut, Stück um Stück.
Host Kinder aufzog'n mit viel Geduid,
Host iwei gwußt, wo d'Musi spuit,
Host aa für Sorgn vo ander Leut
An offens Ohr g'habt und aa Zeit,
Host gern a nette G'sellschaft und an Spaß,
Warst oiwei freindli, kennst koan Haß.
Reschpekt sog i zu Dir, mein liaber Specht
Dei Bilanz, dö is net schlecht.
Jetzt aber hoaßts so langsam überlegn:
Wos packst no o', wos gibts no zu bewegn,
Wos ist wichti, wos muaß sei,
Bevors da hau'n die Haftl nei.
Was d' aa tuast, Du werst as richti macha.
Heut, da laßt as nomoi richti kracha,
So lang wie d'Leut die mögn,
Gibt nix schöners ois wias Lebn.

Der Schneeschlecker

Beim Schmotz in Egern drent
hams auf'n Nikolo g'wart.
Kimmt er, oder kimmt er net am End?
für'n kloana Pepi wars b'sonders hart.
Z'erst war er no voll Schneid,
doch wias na draußen pumpern tuat,
do hot 'n s'schönste nimmer g'freut.
Ganz kloalaut war eahm z'muat.
Er schliaft zu seina Muatta hi ganz fest
und wia da heilig Mo' so vor eahm steht,
da wünscht er sich nix anders mehr,
als daß er recht bald wieder geht.
Der Bartert aber is gar net so streng,
sogt sogar, er war a g'rechter Bua
und lobt'n no a weng,
– wenn der oiß wissat, denkt da Pepi, mir waars gnua. –
Auf oamoi aber werd der Bischof streng
er hebt sei Stimm in d'Höh:
‚Dös derf's doch wohl net geb'n,
ja is dös wahr, du frißt an Schnee?
Do werst doch krank, ganz arg,
kriagst Kopfweh, d'Scheiß und Fiaber,
tua dös was d'Muatta sagt, mei Liaber!
Und überhaupt, wo 's a so so wenig gibt
vo dera weißen Pracht,
wo 's kaam no schneibt und bloß no schütt',
du g'höradsd g'haut, daß grod so kracht.
D'Schifahrer, dö wenn dös derfrogn,
daß du eahnan Schnee wegschleckst,
nacha Bürschei, drahn 's dan um, dein Krogn,
do werd's Zeit, daß die versteckst.'

Jetzt aber springt da Pepi auf,
‚Herr Nikolaus, so schreit er, dös is derlogn!
I schleck an Schnee bloß rund ums Haus
und Schifahrn teans am Wallberg drobn.‘

Bloß a Gripp'

„A Gripp' hob i g'habt. Dö hot mi sauber z'sammgrissen." So hat unsere Mutter gesagt, wie sie gefragt wurde, warum sie so schlecht ausschaut. Es war ihr aber weiter nicht der Rede wert.

„An Katarrh hob i", hat der Vater gemeint, wie er bei der Arbeit im Holzschlag vor lauter Husten und Schneuzen kaum noch Luft gekriegt hat. „Den schwitz' i scho wieder aussa."

Heutzutage aber, in unserer Generation, da hat man nicht einfach „a Gripp" oder an „Katarrh", um die man sich nicht weiter schert. Heutzutage infizieren wir uns mit frisch aus Hongkong eingeflogenen Virus-Stämmen und leiden unter der lebensbedrohenden indisch-alpinen, kombinierten Kopf- und Darmgrippe.

Mit Hollertee, Fußwickel und einer Wärmflasche auf dem Bauch geht da gar nichts mehr. Ja, die Mutter und der Vater, die haben das ausgehalten. Sie hatten körpereigene Abwehrkräfte. Wir sind viel zu anfällig. Bei diesen Umwelteinflüssen, bei diesem Streß. Da gehört eine richtige Behandlung her. Eine zeitgemäße Therapie mit Antibiotika's und Aufbauspritzen, B 12 und so. Am besten stationär und nach dem Abklingen der akuten Phase eine Kur zur Rekonvaleszenz. In Abano oder so. Und zur Sicherheit eine Nachkur daheim.

Ich habe heuer auch eine Gripp' gehabt. Die vielen dicken Antibiotika-Tabletten haben geholfen. Aber geschlaucht haben sie mich mehr, als die ganze Gripp'. Magenweh habe ich gekriegt und meine Darmflora war wochenlang total im Eimer. Doch dagegen gibt es sehr gute Antibiotikaschädenbehebungsheildrogen.

Ich habe noch Glück gehabt. Von den Antibiotikatabletten kann man nämlich eine schwarzbehaarte Zunge kriegen. Laut Beipackzettel, den ich erst hernach gelesen habe. Eine schwarzbehaarte Zunge. Das hätte mir noch gefehlt. Mir reichen die Haare auf den Zähnen meiner lieben Frau.

Weltoffenheit

Mir fahrn mit japanische Auto nach Spanien,
ham am Haus französische Geranien,
halten uns zwoa Pekinesen,
gehngan indonesisch essen,
begeistern uns für Kishon, nebbich,
protzen mit an Perserteppich,
strampeln auf an Holland-Bicyclett,
flaggan auf an Weaner Lotterbett,
hau'n uns an Magen mit Pizza voll,
verpulvern s'Geld im Land Tirol,
schlürfen an türkischen Mokka
und kriagn Schwoaßfüaß von englische Socka.

Mir hörn die Platten von de Donkosaken,
spenden für Kroaten,
laffan in Ami-Jeans umanand,
schwärmen für Somaliland
und toan an der Copacabana
von de Thaimädchen traama.
Mir ham an Griechenland-Tick,
wern vom Schweizerkaas dick,
meditiern mit an indischen Guru,
schickan s'oid Gwand zu den Zulu.
An Garten pflegt schwarz unser Pole,
mit ‚Texas-Oil' mach ma Kohle
und pilgern zum Dalai Lama.
Kurzum: Weltoffen san ma.

Da muaß ma dann doch scho frogn
und dene amoi sei Meinung sogn,
dene Presse-Fernsehleut –
von wegen Ausländerfeindlichkeit.

Pädagogik aus dem Lehrbuch

Auch ein größer's Kind, so woaß ma heut,
auch wenn's noch so plärrt und schreit,
und wenn's oi Damalang wos anders möcht,
a so Kind hot oiwei Recht.

Du muaßt den größten Lauser höflich frog'n,
muaßt oiwei Bittschön zu eahm sog'n,
muaßt stets geduldig sein
mit dem lieben Bubilein.

Niamois derft 'n o'redn laut,
aa wenn er dir ans Schienbein haut,
nicht mal in Gedanken derfst eahm oane schmiern,
wuist net dein guaten Ruf verlier'n.

Weil die Muatta pädagogisch-psychologisch
geschult modern und logisch
ihr Kind laßt ganz originär
entwickeln sich anti-autoritär.

Und weil der Bua dös früah scho gspannt,
daß er nie g'haut werd umanand,
kennt er koan Bahnhof und koan Hoit,
schmeißt's Zeigl umanand, daß grod so schnoit.

Er schmiert sei Essen an die Wänd,
rührt in da Suppen umma mit de Händ,
tuat sich jede Menge Kraut rausnehma
und sogt zur Muatta „blöde Henna".

Die aber lächelt nur ganz mild und hold
sie verabscheut jeden Tugendbold,
so ein Kind muß sich entwickeln völlig frei
und was die Leut sagn ist ihr einerlei.

Doch später, in der ersten Klass'
war's vorbei dann mit dem G'spaß,
dö andern Buam und auch die Lehrer
waren noch viel anti-autoritärer,

ham mit gleicher Münze außagebn
und eahm s'erste Mal im Lebn
zoagt, daß er is net aloa
und alles was eahm so paßt kon toa.

Hart war dös für so an kloana Mo'
überoi stößt er an Grenzen o'
die eahm d'Muatta weggraamt hot,
jetzt hot er den Salat.

Erst im Lauf der Jahre hat er mühsam g'lernt,
daß dös, wovon die Eltern ham so g'schwärmt,
und herbeizog'n am Gelehrtenhaar
ein Modeschmarrn der Pädagogik war.

„Hätten meine Eltern mir",
so sagt er, „mit an bißl echten G'spür
mir a diam amoi a Watschen gebn,
i hätt mit leichter to' im Lebn."

Altersbeschwerden

Die Kathi und ihr Sepp haben die goldene Hochzeit schon lange hinter sich und sind alle zwei schon in den Achtzigern. Sie sind miteinander alt geworden und haben Freud und Leid miteinander geteilt.
Sie können sich noch gut selber versorgen und sind ganz zufrieden.
Wie es aber so ist, kommt mit dem Alter allerhand Wehdam daher. Den einen Tag tut dem Sepp das Kreuz weh und die Kathi muß ihn mit Kernzlsalbe einreiben. Den anderen Tag schnackelt die Kathi auf der Stiege mit dem Knie um. Jetzt ist der Sepp hilfreich zur Hand mit seinem Pertisauer Steinöl. Ihr wäre Arnika lieber, weil es nicht so stinkt. Kaum geht es ihr besser, stößt er beim Brillensuchen mit dem Kopf das Hirschgweih von der Wand. Die Kathi druckt ein Fünfmarkstückl auf den schnell wachsenden Binkl und macht ihm kalte Umschläge. Dann kriegt er noch einen Obstler zur Beruhigung. Wie sie das Hirschgweih aufheben will, schießt ihr die Hex' ein, daß sie sich kaum noch rühren kann.
Wie die Kathi so dasitzt und jammert, daß es schon ein rechtes Kreuz ist, wenn man alt wird, da tröstet sie ihr Sepp. Denn bei allen Beschwernissen müsse man doch eines zugeben: Für Abwechslung ist gesorgt.

ROSI HEINDL

Fünfadreißge geborn
in a Zeit volla Zorn,
doch d'Kindheit hod gschmeckt
noch Broatäpfe und hod gweckt
d'Neigier und d'Phantasie.
Seit sechzige vabandlt,
vier Männa eighandlt,
drei Buam ihr ganz Freid,
s'is bliebn so bis heit.
In Miesbach duats hausn,
ihr Gartn is d'Klausn.

Damit in da Brust
koa Plotz bleibt fürn Frust
und weils aa Spaß macht – deswegn
duat sie s' Musische pflegn,
duads Gedankn vastricka
und s' Biachl vaschicka.

Weil ihr s' Glück guat war im Lebn,
möchts von dem wos aufhebn,
wos sie g'erntet an Freid
für a ärmare Zeit.

Da Mai, der Schuft

Is des ned idiotisch,
i werd im Mai erotisch,
do brauch i sonst koan Zeitvatreib,
im Mai, do bin i mehras Weib.
A Schleifal und a Spangal
ins Hoor, bei jedm Gangal,
an Ausschnitt tiafa, Stöckalschua,
der lumpat Mai laßt mia koa Rua.
Mitm Zephier dua i tandln,
mitm Mann im Mond obandln,
kirag a Räuscherl scho vom Fliedaduft,
schuid dro is da Mai, der Schuft.
Im Mai dua i gern tanzn, singa,
zur Arbat muaß ma mi scho zwinga,
nur Flausn hob i do im Kopf,
des macht da Mai, der schlechte Tropf.
Mei Herz, des schlogt glei Purzlbaam
und klopft so laut, daß i mi schaam,
mei Hypophysn spuit varuckt,
solang der Mai im Ga rumspukt.
Is des ned für an oidn Hoos
nur a Sturm im Wassaglos?
Für reife Madln ganz vakehrt,
's is Zeit, daß wieda Juni werd.

s'Miniröckal

a Miniröckal kaft,
s werd ned lang glanga – schwanga!

s Geheimnis

s Geheimnis is eigsperrt
und möcht so gern raus,
es nagglt am Gidda
und plogt se, o Graus,
es wuislt und winslt
und jammert und duat,
a so a Geheimnis
duad eigsperrt koan Guad,
es wui se vaändern
mit oi seina Kraft,
es wui naus in d'Freiheit
i glaab, daß's as schafft.
I behaupts fest und steif,
daß de Zeit is jetzt reif.
Schnell hods in dem Gwürg
ihrn Status valorn
und scho is ausm Geheimnis
a Neiigkeit worn.

Fünf Mark

De Muadda sogt zum Buam am Sunda:
Gel, duast de fünf Mark für d'Kirch mitnehma.
Voi Freid bringt er des Geld ihr zruck:
Mamma schau, i bin umsunst neikemma!

Woipadinga

Suachst du im Atlas Woipading,
den Ort, wo man das Ding einst fing,
muaßt du im Oipnland ofanga.
Dort treibt er no, der schlimme Finga
sei Unwesn, der dreist Woipadinga.

Wenn da Hüttnzauba 's Zepta schwingt
und ma zünftige Oimliada singt,
wenn da Jagatee dahitzt dei Bluat,
da Mondschei dann sei Übrigs duad,
in dene Nächt, do miaßns flitzn,
vorm Hüttntürl siegst Augn aufblitzn,
do hörst as, wenns an Mond osinga
de sondabarn Woipadinga.
In laue Sommer-Vollmondnächte
do zuzlns gar de Gamsoar aus,
eana G'schlürf hörst bis noch Miaschboch raus.

A Stoilatern, de brauchst zum Fanga,
dazua an Rupfasog, an langa,
doch g'schafft hod des no koa Banaus,
de Doktaarbat steht no aus.
Soist as seng, betrachts ois Wunda,
denn sowas dalebt net leicht a G'sunda.
Begegnen werst dem G'wachs du nie,
wenn oans die fehlt, – die Phantasie.

Wortstark

Er war ein gewichtiger, grobschlächtiger Landarzt, der bis in die 60er Jahre praktizierte. Ein großartiger Diagnostiker war er und ein großer Säufer. Er soff wie ein Roß. Eine Halbe Schnaps am Tag war bei ihm keine Seltenheit.

Wieder einmal wurde er am späten Nachmittag zu einer älteren Patientin gerufen. Sie brauchte dringend eine Spritze. Damit diese Spritze auch ihre Wirkung tat, mußte sie nach eineinhalb Stunden wiederholt werden.

Der Doktor, der am Bettrand der Patientin saß, sah kurz zum Fenster, wo gerade der Wind den Regen an die Scheiben peitschte. Er überlegte kurz, gab der Patientin mit dem Ellbogen einen kräftigen Schubs und brummte: „Ruck umme, Oide, bei dem Sauweda fahr i ned umanand.“ Und schon lag er im Bett neben der alten Frau und schlief bis zur nächsten Spritze seinen Rausch aus.

Wia oid?

Jetzt woit doch tatsächlich amoi oana wissn, wia oid i waar. Drauf hob i eam gsogt, daß i a Jahrgang nochm Kriag bi, ab i hob eam ned gsogt, noch welchm!

Image-Pflege

Trotzig – hintafozzig
hinterhälte – zwiespälte,
ausschweifend – um sich greifend,
packts de Schwachn
wia de Starkn,
de Schwachn stärker,
de Starkn schwächer
und es findt se koa Rächer.
Weil s perfekt is getarnt.
Wems ogeht, de flattahaft Dirn,
der kriagt zerscht a woache Birn,
vaschleierde Augn
und zittrige Knia
scho in da Fria.
Wennst as spannst,
dann hod de des Flittchen
längst am besagten Schlawittchen.
Manchmoi kummt de Kapriziöse
aus Frankreich, mit Getöse,
spanisch fegts gern
durch de Reihen der Herrn.
Kams ois amerikanische Wuide,
waar ma bessa im Buide,
aber vui schwaara zum Ertrogn
is asiatisch vaschlogn.
Do drin liegt de große Gefahr,
sie ändert ihr Image jeds Jahr.
In Kindergärten und Schulen
und bei de Studenten in da Mensa,
do hoits gern Hof,
de Gripp „Influenza".

Oide Häuser

So ganz oide Häuser, de ham no a Gsicht,
do gehst mit vui neie ganz hart ins Gericht,
a Zimmara ausm Voik, ders frührа moi baut,
der hod auf d'Natur und an Standort no gschaut,
der hod nochm Wedda sich ausgricht und Wind,
hod gacht, daß er richt'ge Proportionen aa findt,
de Dächer behäbig, net z'flach und net z'steil,
do gfoit da jeda Winkl und jedes Detail.
Gmüatlich schauns aus, beständiger, weiser,
wern oans mit da Landschaft, de ganz oidn Häuser.

Steht am Weg so a Haus, bleib vor Ehrfurcht i steh,
weil von dem so wos ausgeht wiara Philosophie.

Jeda Boikn, jeds Fensta hod Bedächtigkeit pacht,
ma hod fast des Gfui, daß so a Haus oam olacht.

Rote Backen

Glückliche Schulzeit! Alles, was wir damals nicht so schön fanden, verklärt jetzt die Erinnerung.
Ich erinnere mich noch sehr lebhaft an unseren damaligen Pfarrer und Religionslehrer. Gott hab ihn selig!
Wir Kinder hatten ihn sehr dick, denn er dehnte die Sonntagspredigten immer bis zu 1 Stunde aus und wenn wir dann unruhig wurden, schimpfte er von seiner Kanzel herab, daß uns hören und sehen verging.
Unser Schulhaus war etwa 1 Kilometer vom Pfarrhaus entfernt. Hatte der Lehrer eine Mitteilung an den Pfarrer zu machen, so schickte er meistens mich.
Die Zeremonie im Pfarrhaus lief immer gleich ab. Der Pfarrer hielt mich mit der linken Hand an meiner rechten Schulter fest und mit der rechten Hand zwickte er mich in die Wange und tätschelte sie dann. Dabei sagte er immer nur: Gel, gel! Das wiederholte sich oft bis zu 30 mal und meine Backe war danach immer ganz rot. Das Ganze dauerte oft länger, als mein Weg hin und zurück.
Durch unseren Ort schlängelte sich ein lebhafter Bach, mit vielen Flußkrebsen drin. Wir verbrachten viel Freizeit am Bach und spielten oft mit den Krebsen. Bei so einem Spiel erzählte uns einmal ein Bub, daß er immer für den Herrn Pfarrer Flußkrebse fing, weil dieser sie gut bezahlte. Der Pfarrer war ein Feinschmecker, er bereitete die Krebse selber zu, indem er sie lebend ins kochende Salzwasser warf, um sie dann als Delikatesse zu essen.
Das war für uns ungeheuerlich und wir kamen zu dem Schluß: Wer lebende Tiere kocht, frißt auch Kinder. Ich mußte mir irgend etwas einfallen lassen bei meinem nächsten Gang ins Pfarrhaus. Sollte ich ihm richtig auf die Zehen steigen? Das wäre bei den festen Nagelschuhen und meinem Fliegengewicht nicht sehr effektvoll gewesen. Oder sollte ich ihm gegen das Schienbein treten? Aber bei der langen Soutane hätte ich vielleicht ins Leere getroffen. Bei seinem nächsten

Versuch, mich wieder in die Backe zu zwicken, biß ich ihm kurzentschlossen in seine fleischige Hand.
Seine totale Verblüffung nutze ich, um ihm zu entwischen. War ich vorher eine seiner Lieblingsschülerinnen, so ließ er mich jetzt links liegen. Ich, meinerseits, weigerte mich standhaft, nochmals ins Pfarrhaus zu gehen.
Einige Wochen später kam ein Exerzitienpater in unser Dorf. Bei ihm beichtete ich meine einzigste Todsünde: Ich habe den Herrn Pfarrer in die Hand gebissen. Aus dem Beichtstuhl kam ein leichtes Hüsteln und nun mußte ich die Geschichte genau erzählen. Zu meiner Verwunderung gab er mir nur ein einziges Vaterunser als Buße auf, wo ich doch sonst für meine läßlichen Sünden immer 5 Vaterunser und 5 Ave Maria beten mußte. Das hat mich schon sehr verwundert.

Da Fuchs

Da Simmalbaua vo Woi hibei
wart aufn Dod und ruaft sei Wei:
„Geh, Lies“, moant er, a weng vaschlogn,
„sitz her zu mia, mia gehts an Krogn,
leg o dein Schoik und sei ned faad,
i sig di gern im Sundastaat“.

De Lies loant glangweilt an da Tür
und moant, es gaab koan Grund dafür.
„Jo, jo, den gibts“, moant do da Baua,
er is a Fuchs, a ganz a schlaua.
„Boid kimmt zu mia da Boandlkrama,
wenn der di sigt in meina Kamma,
so gschmoch – do wett i meine Rössa –
na gfoist eam *du* vui bessa.“

Bayern-Kini

König Ludwig – Bayern-Kini,
ma laßt dir ned dei ewge Rua,
seit 100 Johr derns forschn, wühln
und oiwei no ned ham sie gnua.

Jetzt wui sogar oana beweisn,
daß dei Vadda gar koa Kini war,
so rührns in königlichen Suppen
solang, bis findn drin a Haar.

Zu schillernd war für vui dei Lebn,
du warst den Musen zugetan,
host baut für sie an eignen Tempel,
seitdem übt Bayreuth sich im Wahn.

Und deine märchenhaften Schlösser,
de san ois Werbung heit der Renna,
dein Größnwahn in Prunk und Stil,
den hed a Gsunda garn net kenna.

De Neie Welt hod die entdeckt.
Sie kopiern dein Stil, o Kitsch, o Graus,
Neuschwanstein werd zum Magic King-Dom
und hausn duat drin d'Micky Maus.

Es gibt gnua Leit, de sogn, da Kini
hod s Geld rausquetscht von seine Bayern
I find, do hod se ned vui gändert,
heit duats da Staat mit seine Steiern.

Und wos macht der mit den Monetn,
der Vater Staat – auf Ehr und Trei?
Er baut Paläste für d'Verwaltung,
gega Eintritt gang do koana nei.

Datst du heit lebn, du Märchen-Kini,
dei Schicksal nahm an andan Lauf,
dei Schönheit dad da Film vamarktn
und dei Wahnsinn foiat koam mehr auf.

Da Fiedla

Vom Summa her logiert bei mir
a kloana, flinka G'sell,
a b'sundra Gast, mit seina Geign,
er geigt so frisch, so hell.

Im Summa spuit er drauß im Gros,
daß mia des G'miat orührt.
Geh, kloana Grill, hoi d'Geign raus,
spui jetzt für mi dei Liad.

I summ dazua mit leisa Stimm
a feine Melodie
vom Summa, der so unbeschwert,
so g'schaffte war für die und mi.

No klingt dei Liad in meina Stubn
so heiter wiara Flötn,
da Summa schickt durch d'Fenstascheibn
scho d'letzte Abendrötn.

Du fiedlst scho den Summa lang,
boid is dei Bogn vaschlissn.
I werd dei liabe Summgeign
an Winta lang vamissn.

Neues Studienfach

Die Wissenschaft hod Einzug ghoitn
in unsre Hausfraundomäne,
de Küchn wern zu Kochlabors,
nix geht mehr über die Hygiene.

Mengenlehre für die Küche,
kJ als Maßeinheit,
an Kalkulator für Diätik,
d'Mikrowelle zweng da Zeit.

Statt Nudeln gibts jetzt Kohlenhydrate,
statt Essen Energiezufuhr,
Eiweißträger, Ballaststoffe,
statt Obst nur Vitamine pur.

Wer einkauft wird zum Sprachgenie,
dafür sorgen fruchtige Exoten,
seit uns Nashis, Kiwis, Litschis,
Cherimoyas, Grenadillas angeboten.

Mit Phosphaten, Silikaten
wird das Waschen nie stupide,
wie wars doch früher ach so faad,
ohne die anionischen Tenside.

Drum rat ich jeder jungen Frau,
die zur Hausfrau sich entschlossen,
daß sie vorher ausdauernd und unverdrossen
biochemisch-hygienisch-psychologisch-
medizinische Oecotophologie studiert.

Doch erlaubt sei hier die Frage,
weil die Entlohnung miserabe.
Wie wärs mit einer Wissenschaftszulage?

a Insl

In Südtirol woaß i a Platzal,
des hod überdauert de Zeit,
eigrahmt von Berg is a oide Burg,
a Insl, de oam jedesmoi gfreit.

Sie steht auf aram Hügl,
rundum Kastanien und Wein.
A Juwel in aram Weinberg,
so staad hoamle, so fein.

Am Gemäuer Glyzinien,
da Hang voller Rosn,
s is a Fleckerl zum drama
a Plotz zum Lieabkosn.

Drunter liegts Etschtoi,
drüber d'Kulissn vom Schlern.
wer lebat an so am Ort
net nomoi so gern.

Wenns dumpa dann werd
dern d Nachtvegal singa,
dene Käuzal eana Ruaf
duad vom Gebälk obadringa.

De samtwoache Nachtluft
und a Glasal Rotn dazua,
in so a lauschign Nacht
findst dei innare Rua.

Wenn dann da erst Liachtstroi
des Nachtdunkl aufhebt
tiriliert scho des Lerchal
wenns in d'Höh aufestrebt.

Da Kuckuck ruaft wieda
ausm Rotbuachabaam
und d'Nachtigoi schlogt
zwischn togwern und Traam.

Des is a Getriller,
a Gesangsjubilate,
gwiß steht unsa Herrgott
dera oidn Burg Pate.

Der Ort is a Insl,
zeitlos im Lebenslauf,
nur de narrischn Vegl
wecka de um viere scho auf.

Wahre Schönheit

De Zeit, sie eilt,
eilt durch de Johr
und d'Hoor wern spröd und grau.
Des is ned weida schlimm,
außa bei da Frau,
bei Männern spuit des
gar koa Roin,
do treffan d'Blick net bloß vastoin
recht oft an graue Schläfn.

Genau a so verhoit es sich
mit Foitn,
die spezell im Gsicht.
Ois, wos ned vaschwindt
mit Wasser, Seife,
nennt ma bei Männern: Reife!
Mia Frauen kriagn für Foitn
koan Applaus,
do hoaßts nur gschert:
Mei schaugt de oid aus!

Ihr Frauen, bleibts gelassen
und bei Sinnen,
denn wahre Schönheit
kommt bekanntlich ja von innen,
noch so am Vorteil
braucha mia ned dränga,
mia lebn dafür um Jahre länga.

Eingebettet

Ab und zu führt mich mein Weg durch ein kleines, oberbayerisches Dorf, das eingebettet liegt zwischen dem Flüßchen Leitzach und den Höhenzügen des Irschenbergs. Ein Wirtshaus, dessen guter Ruf weit über die Landkreisgrenze hinausreicht, läßt Ausflügler gerne hier Einkehr halten.

Mittelpunkt des Dorfes ist natürlich die Kirche. Sie steht etwas erhöht und um die Kirche herum liegt der Friedhof. Schon von weitem sah ich etwas, das meine Aufmerksamkeit beanspruchte. Ich hielt an und sah mir genauer an, was meine Blicke so auf sich zog. Es war Ende Oktober, die Zeit der ersten Nachtfröste und da war ein frisches Grab, von einem jungen Menschen, vermutlich einem Unfallopfer.

Sorgsam und liebevoll war dieses Grab mit blau-weiß und rot-weiß geblümten Bettbezügen zugedeckt gewesen. Vielleicht nur der vielen, schönen Blumenkränze wegen, vielleicht aber auch, damit der im Grab Liegende nicht frieren sollte. Es kam mir so vor, als ob eine Mutter ihr Kind nochmals am Abend zugedeckt hätte, für die kalte, lange Nacht.

Es lag etwas so liebevoll-naives in diesem Bild und jedesmal, wenn ich durch dieses Dorf komme, sehe ich die Szene vor mir – ein Grab, das aussah wie ein warmes, weiches Bett, in freier Natur, im Acker Gottes –.

November

Pleite is er, d'Taschn laar,
bei eam is nix zum Hoin,
s Oktobergoid liegt auf da Straß,
mit wos soi er denn zoin.

Nur Newefetzn, große, lange
geistan hoitlos umanand,
Gedanknfetzn schwaare, bange
nehma nachtens überhand.

D'Bazilln ham jetzt Hochsaison,
und d'Viren lungan rum,
ghuast und gschnupft und greischbat werd
seine Leidn san net stumm.

Er is a faada Bruada
a trisda Kerl zum schama,
trotz seim Prangadog für d'Gräba,
muaßt von wos Schönerm drama.

Oiss Zarte hod er austriebn,
oiss triste hoit er ei,
de Not nimmt jetzt ihrn Ofang,
derts drum barmherze sei.

Staade Zeit

Laut is worn, de staade Zeit,
laßts es trotzdem in eia Haus,
singts a staade Weis,
de macht s' Laude leis,
kehrts d'Unruah und d'Hast naus.
Wenn da Dog kämpft mit da Dunklheit,
noch dem ältesten Ritual,
dann gebts eich d'Händ' – weltweit,
Advent is heit
und da Erlöser
steht scho am Portal.
Stellts de Gabn bereit,
zünds a Liachtl o,
nehmts des Elend in Arm
und des Leid,
denn des Liacht macht warm
und des Gebn macht froh
und staada werds in eich – de Zeit.

EGON SCHÄFFNER

Wurde 1932 in München geboren. Er ist mit einer Münchnerin verheiratet und hat zwei Söhne. Seit 1951 als Bankkaufmann tätig. Seine Liebe gilt allem Bayerischen, dort wo es sich in Literatur, Theater, Musik und Brauchtum unverfälscht erhalten hat. Von ihm kam 1987 der Anstoß dazu, daß sich ein Kreis Gleichgesinnter zusammengefunden hat, um als *Dorfschreiber* mit eigenen Gedichten und Geschichten

„über d'Liab, über d'Leit, frühers und heit“

auch anderen eine Freude zu machen.

Da fragst de nacha

Neile hab i's deitle kennt:
I lieg, scheints, nimmer ganz im Trend.
I siehg de Sachan meist vakehrt.
Mir is da Durchblick halt vawehrt.

I bi, des is koa Frag,
vo gesting no, vom oidn Schlag.
I glaab dro, was mei Vadda gsagt,
und der, der hat se gwiß gnua plagt:

Daß'd arban muaßt, so lang daß' geht.
I kimm mir diam scho vor wia bläd,
wannst siehgst, wia oa mit unsre Steiern
in' Tag nei lebn und lustig feiern,

mit dreißge allwei no studiern,
ehvors a wengerl rumprobiern,
was für a Job da bessa waar.
Wo s'Gerstl stimmt und wo koa Gfahr,

daß' gar amoi ins Schwitzn kemma.
Weil des, des taatns glei übelnehma.
Da müaßtns umschuin, des geht heit leicht,
und bald is dann des Zui erreicht,

daß d'Rentn kriagn, es werd aa Zeit,
am Arban hättns doch koa Freid.
– Wannst so ebbs siehgst, da fragst de nacha,
obs net doch dee richtig macha.

Ohne Gebrauchsanweisung waarst aufgschmissn

I woaß net, bin bloß i so bläd oder gehts enk genauso. I vasteh oafach koa Gebrauchsanweisung net. I muaß enk direkt verzähln, wias mir da neilich ganga hat:
„Da passat so guat a kloans Kastl hi“, hat mei Frau gsagt, „grad so oans, wia's da im Prospekt oans drinn ham. Und gar net teier.“ „Wanns weiter nix is“, hab i gsagt, und an Dachständer naufmontiert aufs Auterl. Mir ham dann ziemle umanandagsuacht und schließle an Verkäufer gfragt, wo des Kastl aus dem Prospekt waar. „Sie stengan a so davor“, hat der gmoant. San mir doch dauernd an dem Trumm vorbeigloffa, weils im Prospekt halt doch vui greßer und aa scheener ausgschaugt hat, wia in Wirklichkeit. „Iatz san ma scho da“, hat mei Frau gsagt und nachm Zahln hab i den Verkäufer gfragt, ob er mir helfa kunntat beim Naustragn, weil, gell, i hab nämle an Dachständer und taats halt glei mitnehma. „Des da is a Ausstellungsstück“, hat der gmoant, und de Warenausgab waar da weiter hint. Da hab i vielleicht dumm gschaut, wia mir de statt meim Kastl a große Schachtl gebn wolltn. „Naa, naa“, sag i, „a Kastl hab i kauft und koa Schachtl net.“ Sagt doch drauf de Frau von da Warenausgab zu mir, des hätt scho sei Richtigkeit und in dera Schachtl waarn alle Teile drinn mit ara genaun Gebrauchsanweisung zum Z'sammabaun. Oder ob i vielleicht net so vui handwerkliches Geschick hätt und des oafache Kastl z'sammbaun kunntat. Sie schaut mi a wene mitleidig o (was i no nia net leidn hab kenna) und i hab gspürt, daß aa de Augn vo meiner Frau fragend auf mi gericht warn. „Natürle“, hab i schnell gsagt, „wanns weiter nix is“, und mir san abzogn mit unserm Billigkauf.
Dahoam hab i mi ins Wohnzimmer z'ruckzogn, weil da da mehrer Platz is, und glei drauf war de Schachtl laar, aber da Stubnbodn voller Pappadeckl, Brettl überanand, Holzwoll, Styropor, Beilagscheibn und Schraubn und – Gott sei Dank – in dem ganzn Durchananda aa de Gebrauchsanweisung, sogar mit Zeichnung. I geh so a Sach systematisch o, des hoaßt, i studier z'erst de Gebrauchsanweisung. Oamal,

zwoamal. I glaab, wann de chinäsisch gwesn waar, dann waars für mi grad so a Huif gwesn. Oder kanntn Sie was ofanga, wanns lesn:

> „Passen Sie das Kopfende des Stirnbrettes von unten so in die oben eingefräste Nut ein, daß die schräg nach hinten sich verjüngende und am Ende vorspringende Vorderleiste im rechten Winkel steht zur vorher eingefügten diagonal verlaufenden Querstrebe"?

I bin ja, hab i wenigstens bis zu dem Tag gmoant, net ganz bläd, aber was nutzt de ganz Gscheitheit, wann de a paar Brettl z'wene in de Schachtl tean und dafür a paar Schraubn z'vui. Sogar a Tubn Patex hat se in de Schachtl verirrt. Schlampa sans scho, hab i mir denkt, am andern geht nachher der Papp wieder ab. I habs draahn und wendn kenna, wia i wolln hab, mir san allaweil a paar Brettl abganga. Nur net de Nervn verliern, hab i mir denkt, jeds Kastl hat schließle an Bodn und von dem aus konnst dann aufbaun. I leg also a Brettl, des nach Bodn ausgschaut hat, hi, stell links und rechts Seitenbrettl drauf und schraubs o. So Spannplattn eignen se fei net guat zum Schraubn. I hab mit a paar Nägl nachgholfa und dann is' einigermaßn ganga. De Haftung von da Rückwand hab i an de Eckn mit Leikoplast a weng verstärkt, weil hintn, da siehgt mas ja net und dann vahuift des doch zu a gewissen Stabilität. Und scho is mei Kastl dagstandn. A wene hats no gschwankt, aber wenn ma no de zwoa Türl eihängt und allaweil fest zuasperrt, nacha werds scho geh. Und pfeigrad, es war gar nimmer so schlimm und nacha kimmt ja aa no was nei in so a Kastl. Alles hätt iatz gstimmt, bloß da, wo in da Zeichnung da Schubladn war, da hab i no a größere rechteckige Öffnung ghabt und koa Brettl mehr, bis auf a ganz a langs, des aber mehrmals zum Abknicka war. Und dann is mir aa no so a viereckiger Pappadeckl übrigbliebn, den i eigentle scho wegschmeißn wollt. Was glaubts iatz es, wia lang i braucht hab, bis i gspannt hab, daß i aa den Schubladn selber macha sollt, und des mit dem langa Trumm. „Füllen Sie in die im unteren Teil längseits verlaufende Nut den Klebstoff und passen Sie sodann das Bodenbrett genau in den Falz ein. Winkeln Sie sodann das Brett an den als Scharnier ausgebildeten beweglichen Stellen so ab, daß es die Form eines Rechteckes annimmt, das Sie sodann, nachdem Sie vorher die

Klebestellen einige Minuten lang fest zusammengepreßt haben, in die dafür bestimmte Öffnung einfügen."

Des war vielleicht a Patzerei, aber was soll i sagn, aa den Schubladn hab i z'sammbracht. Z'erst hab i no schnell de Patexfleckn aufn Bodn mit da Brückn zuadeckt und dann des Kastl vorsichtig und mit da Vorderseitn voro zu meiner Frau in d'Küch nübertragn. Und dann ham mir zwoa des guate Stück feierlich auf den vorherbestimmten Platz higstellt.

– Gestern hat mei Frau im Prospekt a recht a billige Kommod gsehgn, mit 4 Schubladn.

Da Haushalt vo da Frau

Was hoaßt des Wort genau:
Da Haushalt vo da Frau?
Da steckt doch ebbas drinn.
Des Wort, des gibt an Sinn.

S'Haus halt z'sammahaltn.
S'Lebn froh und richtig gstaltn.
Guat eiteiln, nix vatoa und sparn,
an Glaabn, de altn Breich bewahrn.

Schaugn, daß nix runtakimmt,
dahoam alls z'sammastimmt.
Daß d'Kinder no auf d'Eltern hörn
und allsamt rechte Menschn werdn.

Des kimmt net vo alloa.
Da muaß ma scho was toa.
Da brauchts an Sinn und an Vastand,
a frohes G'müat, a feste Hand.

Hoff ma halt, daß vui und gern
a richtige Hauserin werdn.

A Hackstock vazählt aus seim Lebn

Des gfreit mi scho recht, daß es mir a wengerl zuahörts, wo's doch sonst eh net vui übrig habts für unseroans. Des is uns nämle durchaus bekannt, daß mir enk sogar an Schimpfnam abgebn, wanns es an bsondern Büffe charakterisiern wollts. Dabei san mir sogar de Philosophn in da Welt der Dinge. Gel, da schaugts, des habts net gwißt, indem es eich ja aa koane Gedankn machts über unseroans. Aber da werst scho zum Philosophn, wannst d'as dalebst, wia z'erst so a jungs Bürscherl daherkimmt, voller Saft und Kraft, und auf deim Buckl Mordstrümmer Walgler kliabt, und dann werd mit der Zeit a gstandns Mannsbuid draus und zum Schluß werglt er no ois oida Krauterer umanand und haut de kloana Astl z'samm bis eahm dann endle s'Hackl aus da Hand fallt. Ja und so geht des Generationa lang dahi. Umsonst hoaßts ebn net: Geschlechter kommen, Geschlechter gehn, aber mir Hacksteck bleibn bestehn.
Ja no, allawei war i ja koa Hackstock net, indem daß i frühers ois a wundascheena Oachbaam drauß im Woid gstandn bin bei meine

Kamaradn, bis eahm da Bauer a Geld braucht hat und uns alle umgschniedn hat. Da is dann mei Leidnsweg oganga, wia ma so sagt. I hätt ja des Glück habn kenna, wia a paar vo meine Spezln, de wo's für Schlafzimmer hergnomma habn. Ja mei, des hätt mir scho taugt, wann i mir des a so vorstell, was' da ois zum Schaugn gebn hätt und zum Dalusn. Da waars mir bestimmt net langweilig wordn. Aber naa, an Hackstock habns ausgrechnet aus mir gmacht und in da Hoizleg vom Lampewirt bin i glandt. Es huift nix, du muaßt as nehma wias kimmt, und i tröst mit halt und sag ma: Gwiß waars in am Schlafzimmer unterhaltsamer gwesn, aber s'Lebn waar für mi halt wahrscheins aa scho vorbei, indem de Menschn ja allawei was neis und was moderns habn müaßn, und so hättns mi bestimmt scho nach 20 oder 30 Jahr ausrangiert und vielleicht gar scho vabrunna. A so bin i ois Hackstock aber allwei no am Lebn und aa no ganz guat beim Zeig mit meine 90 Jahr. Und ans Sterbn denk i no lang net, weil mir san scho a zaache Rass und halt so richtig dahirtn und haglbuachan. Ja, des brauchts scho, sonst waars ja net zum aushaltn, wanns auf deim Buckl umanandaschlagn wia net gscheit und diam aa glei s'Hackl drinn stecka lassn. I mechts net hörn, wias jammern taatn, wann des mit eahna gmacht wurat.

Deine Beobachtunga konnst ois Hackstock scho macha und d'Menschn studiern, weil bei da Arbat, hoaßts, da konnst as kennalerna. Also, i konn eich sagn, Typn gibts bei de Menschn, des mechts net für mögle haltn. Zum Beispui de oan, de fanga mit am Tempo o, daß'd moanst, de wolln oissamt mit Gwalt z'reißn. Aber mir kennans scho, de Brüada, des halt net lang o, des Trommefeier. Z'erst kriagns an rotn Belle, dann werd eahna Pfoad ganz voll Schwitz und am End schnaufans wia a oide Dampfmaschin beim Dreschn. Und was is 's End vom Liad? Auf d'Arbat werd gfluacht, s'Hackl fliagt ins Eck hintere und gsehgn hast as. Also, de Sortn, de fürchtn mia Hacksteck überhaupts net. Bal aber oana kimmt, a ganz a bedächtiga, der z'erst sein Janka danehängt, an oidn Kittl olegt, dann de Hoizstückl nacharanand herricht und schließle mim Daama langsam über d'Schneid vo seim Hackl fahrt, na wiß ma scho, was' gschlagn hat. De sellan, de ham nämle a Ausdauer. Da bist ehrle froh, wann Dei Herr zur Brotzeit geht und du konnst a wengal vaschnaufa, oder, wann endle d'Sonna untergeht und er siehgt eahm nix mehr. A leise Ahnung, wias in am Schlafzimmer schee sei kunnt, kriag i allaweil dann, wann statt da oid Wabn de gschmachige Mitterdirn kimmt und schnell a paar Scheitl kliabt oder a paar Steckerl z'sammhaut für a Stutzbierl. Glaabts mas, wann de zuahaut, is des für mi des reinste Vagnügn, da kunnt i direkt zum Masochistn werdn.

Was'd ois Hackstock ois zum ohörn kriagst, des kennts es eich gar net denga. Was da für Kraftausdrück aa de Weiberleit aussaschlupfan und wia sogar d'Pfarrersköchin scheltn ko, wanns in an Ast neihaut oder wann ihr a Spreißl ins Gsicht fliagt, des müaßats scho selber hörn, sonst taats es net glaabn. Also, de jüngern Hacksteck, de werdn da direkt rot, weil, gell, vom Woid her san de sellana Ausdrück halt net gwohnt. Aber no, mit de Jahr gwöhnst de aa an des und denkst da weiter nix mehr dabei. San halt Menschn. Da kimmt uns zur Huif, daß mir vo Natur aus harte Gselln san und aus buacham oder oacham Hoiz mit ara richtign Kernnatur. Wann i da an meine Vettern denk, de Feichtn und Tannan, oder an meine Basln, de Birkn und Espn, de eh glei mim Ziddern ofanga, mei, gell, de konnst höchstens für Zahnstocha hernehma oder für Abortdeckl aber nia net für an Hackstock.

Im großn und ganzn bin i ja z'friedn mit meim Lebn, weil wo paßt auf da Welt scho alles z'samm. Und dann san mir halt doch für was nutz und vo am richtign Bauernmenschn, da werst scho in Ehrn ghaltn, der woaß scho was a hat an unseroans.

De guade oide Zeit

Heit muaß i amoi mit dem Schmarrn auframa vo wegn da guadn oidn Zeit. Uns gehts nämle heit vui besser und des laßt se aa aufweisn. Lusts amoi zua, was i enk vazähln ko vo frühere Zeitn in Oberniederzeitlbach hint, wia da d'Leit arm dro warn, wanns krank wordn san. Des Hauptübe war scho amoi, daß selbigsmoi d'Leit und aa eahna Bader (obwoi da Hierangl Benedikt a aprobierter Bader war, also heit taat ma sagn, er war gewissermaßn a Kapazität) gar net gwißt ham, wiavui vaschiedene Krankheitn daß' überhaupts gibt. Und für den allsamtenen Wehdam war bloß da Hierangl da, wo mir doch heitzutag scho bald für jede oanzelne Krankheit an eigna Spezialistn ham. Des siehgt ma ganz deitle, wann zum Beispui in am Ärztehaus glei mehra vo eahna aufanandahockan, wia in Oberniederzeitlbach hint, wos iatz neierdings aa so an Gsundheitstempe ham.
Hat frühers oana an Baamhackl ghabt, nacha hat da Bader net vui rumtoa und bloß gmoant: „Des kunntat fei net schadn, wannst de öfter wascht, net bloß auf Liachtmeß, nach da Arnt und auf Weihnachtn." Heit hoaßt ma des Allergie und du konnst de gega Baamhackl impfa lassn und Tablettn gibts aa. Hat a Bangert mehra gschrian wia sonst, nacha hat der halt d'Froas ghabt und des hat se scho wieder gebn mit da Zeit. Heitzutag woaß jeder, daß des Wutzerl im höchsten Grad verhaltensgestört is, weil se d'Eltern net richtig in de Psyche vo eahnam Schraatzn neiversetzn kennan, und daß ma da schleinigst zum Psychologn muaß. Dersell erklärt de besorgtn Eltern, de eh scho ganz ausm Heisl san, was sie alles vakehrt machan und daß da dro a Trauma in da eigna Kindheit schuid waar, und daß' glei dableibn solltn, nacha treibt er eahna des Trauma glei aus. Danach schreit da Sprößling zwar allaweil no wia a Jochgeier, aber es hört se vui wissnschaftlicher o und de aufgeklärtn Eltern wissn halt iatz aa, daß da ganz alloa sie dro schuid san.
Is oana zum Bada kemma und hat recht schlagfüaßig ausgschaugt, nacha san eahm Bluategel ogsetzt wordn. Danach is' wieder ganga,

obwoi er und da Bader net gwißt ham, daß des a Hypertonie is, gega de's heit Tablettn gibt, de aber a bißerl an Magn ogreifa, aber gega des gibts dann wieder andre Tablettn.
Wia san da heitzutag de Leit in Oberniederzeitlbach guat dro. Sie gengan in eahna Ärztehaus zu irgendoan von de Doktor, ganz wurscht, zu welcham. Und wann der de Körperflüssigkeiten überanand im Labor untersuacht hat, nacha fangans erst richtig o mit dir. De im Ärztehaus, de lassn di nämle so schnell nimmer aus. Der oa schickt di zum andern bist bei alle durch bist und a jeder macht was anders mit dir. Bei oam derfst Radlfahrn, beim andern kriagst a Kontrastmittl zum Tringa und dann schaut er durche durch di. Beim drittn konnst de über a Zystoskopie frein und dazua über a saubere Magnspiegelung und du kriagst den Rat, daß' da unbedingt d'Zähn reißn lassn muaßt. Der nächste geht mim Ultraschall auf di los und moant, es waar hechste Zeit, daß da d'Mandln raustoa laßt oder an Blinddarm, was, des waar eahm ganz wurscht. Bloß wannst di als Mo zu am Gynäkologn verirrst, konnst hoffa, daß'd halbwegs guat davokimmst. Ja no, des is ebn des guate an da heitign Zeit. Du erfahrst as genau, wiavui Krankheitn daß' gibt auf da Welt, was für oa grad erst wieder erfundn wordn san, und de welchan davo daß du hast.
Was hätt da da Hierangl Benedikt für a Reputation habn kinna, wann er des alles gwißt hätt und de Apparate überanand alle ghabt hätt. A so aber hat er am Bräu bloß ratn kinna: „Iß net so vui. Trink net des mehra Bier selm. Geh mehra, und des barfuaßad. Geh öfter mit de Henna as Bett und schau, daß d' diam zum Schwitzn kimmst, aber net beim Essn und Tringa, sondern beim Arbatn."
– Mei, wann de Leit vo Oberniederzeitlbach selbigsmoi scho a Ärztehaus ghabt hättn, i glaab, de lebatn heit no.

Ma woaß ja schließle, was se ghört

I woaß net, wias eich geht, aber mir werd jedsmoi halbert schlecht, wann i hör, wia se heitzutag d'Leit oliagn. Und selber? Du machst halt aa mit bei dem Schwindlgschäft, weil d'Leit oglogn werdn wolln, so san halt amal de Spuiregln in da heitign Zeit.
Bist eigladn und kriagst an fürchterlichn Fraß vorgsetzt, was sagst nacha zur Dame des Hauses? „*Des* war iatz wieder amoi was bsonders. So guat hab i scho lang nimmer gessn. Wia Sie da bloß den feiner Gschmack hibringa. Also, i muaß scho sagn, große Klasse."
Und *sie,* de natürle genau woaß, was' wieder für an Stampf z'sammatranscht hat, sie wehrt bescheidn ab, wia sa se ghört. „Aber geh, wias da nur redn wolln wega dera bißl Kocherei. Was ma halt so im Haus hat, und überhaupts, für eahna is mir doch koa Arbat z'vui, wann ma scho amoi so an liabn Gast hat." Alle hams sauber glogn, aber aa zoagt, daß' an Benimm ham, und jeda is z'friedn mim andern und mit sich selba aa.
Lauft dir a Bekannter übern Weg, bei dem'st glei Angst habn muaßt, eahm sprengts s'Hemadknepfe weg, bal er eischnauft, nacha sagst halt des, worauf er Anspruch hat: Daß er guat und gsund ausschaugn taat, und du fragstn, wia er des bloß macht, daß er sei Figur so guat halt. Wann der dann moant, na ja, a paar Pfünderl kunntatns scho z'vui sei, dann hast koan Menschn vor dir, der ausnahmsweis amoi ehrli und selbstkritisch waar, naa, er wui di bloß protestiern hörn. Du sagst also pflichtschuidigst: „Aber geh, wia kennans iatz so was sagn. I findt, Sie ham grad des richtige Gwicht. Was waarn nacha, bals amoi krank wuratn? Nacha hättns nix zum Zuasetzn. Und überhaupts braucht ma guate Nervn heitzutag. Schaugn s'es doch o, de Dürrlochertn, wias glei s'Zappeln ofanga, wias nervös umanandaruaschln und allaweil sans saugrante vor lauter Hungerleidn. Mir gaangst."
Triffst oan, der ausschaugt, wia sei eigner Großvadder, daß' de fragst, ja is er's iatz oder is er's net, dann derf der vo dir erwartn, daß'd eahm bescheinigst: „Ja guat schaugns aus und koa bißl älter wordn. Eahna siehgt ma s'Alter oafach net o. Wia macha Sie denn des bloß?" Da

ander nickt zur Bestätigung und liagt dir glei was vier, vo wegn haufatweis rohe Kohlrabi, Knoblauch und stuckara zwanzig Kniabeign alle Tag. Und du muaßt drauf sagn: „Brauchans ma nix vazähln. Des merkt ma glei. Ja mei, vo nix kimmt halt nix." Mir wissns alle: A oanzige Liagarei vo vorn bis hint. Es waar direkt zum Vazweifln, wanns net doch a paar gaab, de da net mitmacha, de ehrle und gradraus sagn, wias s'es moana und de dir koan Honig ums Maul schmiern, wia alle andern. Dene konnst Gott sei Dank jeds Wort glaubn, weil dene waar a so a Liagarei dennerst z'bläd. Was des für Leit san? Wia de hoaßn? Wo de zum Findn san?
Ja no, des san halt alles – – – *meine* Bekanntn.

De heitign Leit san so vui gscheit

So gscheit wia heit, warn d'Leit no nia.
Ohne bsondere Plag und Müah
gengans aufm Mond spaziern,
neamds braucht bald sei Hand mehr rührn,

weil da Computer d'Arbat macht.
Iatz hams s'es aa scho z'sammabracht,
daß ma mit Ersatzteil lebn.
Iatz is' no eahna ganz Bestrebn,

da arbans dro mit ganzer Kraft,
daß demnächst werd da Tod abgschafft.
Weil *des,* des geht heit nimmer,
taat unser End a Andrer b'stimmer,

taats s'Weda macha, moi schiach, moi lind,
und ganz alloa bei jedem Kind
de Gene, grad wias eahm gfallt, sortiern.
Des wollns scho selber iatz probiern

und eiteiln, wer Genie, wer Durchschnitt nur,
und wia am Madl sei Figur.
Obwoi, gega des, da waar ja nix zum sagn.
Ma muaß se aber dennerst fragn,

warum bloß findns koa Rezept,
daß unser Welt in Friedn lebt.
Daß d'Leit sich mögn und guat vatragn
und aufhörn mitn Schädleischlagn.

Daß jeder hat a weng a Geld
und neamds vahungert auf da Welt.
I glaab, de gscheitn Leit,
de san gar net so gscheit.

De goldane Freiheit

D'Emerenz vo Sachsnkam
lebt iatz mit am Mannsbuid z'samm.
Frei is iatz vo allem Zwang.
Dahoam? – – Des waar ihr Untergang.

Wo da Vadda dauernd gänglt,
d'Muadda allwei quånglt:
Sie sollt net so vui raucha,
net des ganze Geld vabraucha.

Am Sonntag sollts, so wias da Brauch,
in d'Kircha geh und dann derft auch
(und *des,* des kannt sie nia net gwohna)
der Freind net dauernd bei ihr wohna.

Bei sella Eltern is koa Bleibn.
De müaßns selber eah zuaschreibn,
wanns eahna Tochter iatz valiern,
wo s'es doch so vui drangsaliern.

Daß d'Muadda putzt und kocht und büglt
und flickt und wascht, daß d'Tochter gschnieglt
umanandsteign ko.
Was guit des scho.

Genauso wenig, wia des zählt,
daß da Vadda vo seim bißl Geld
am Deandl hat a Auterl kauft,
daß s'Madl nimmer z'Fuaß rum lauft.

Endle is iatz weg vo ihre Altn,
ko ihr Leben selber gstaltn.
Ko eiteiln, wanns ihr Arbat macht,
de bisher d'Muadda hat vollbracht.

Sie hats ihr wirkle vui vui scheena.
Ihrn Freind konns iatz so recht vawehna.
Wann der so dreimoi in da Wocha
zum Stammtisch geht, hats Zeit zum Kocha.

Und kimmt er hoam dann spaat auf d'Nacht,
hat sie derweil ihr Arbat gmacht.
Denn *er*, er wui sei Ordnung habn
und daß *sie* heislich, arbeitssam.

Drum muaß er oan ums ander Moi vanehma.
„Tua d'Muadda dir zum Beispui nehma."

HANS LAUTENBACHER

Als Münchner, 1933 geboren, entdeckte er schon in jungen Jahren seine Liebe zum bayerischen Oberland und dessen Bewohner-innen. Seit 1954 ist er mit einer Tegernseerin verheiratet – zwei Kinder, deren Ehepartner, zwei Enkel und ein Cocker-Spaniel vervollständigen das Familien-Ensemble.
Das Salz in der Suppe – und was man sonst noch so braucht – verdient er sich als Steuerberater.
Ein gemütliches Zuhause, viel zu viel Arbeit und eine heftige Abneigung gegen das Fliegen haben ihn zum Reise-Muffel werden lassen. Erholung sucht er in der Familie, auf ausgedehnten Spaziergängen mit „Bello“ und ... beim Schreiben.
In Gedichten und kleinen Aufsätzen schildert er Erdachtes und Erlebtes. Er versucht darin zu beweisen, daß es auch in der heutigen Zeit noch etwas zu lachen gibt. Bei aller Skepsis, die gelegentlich in seinen Beiträgen mitschwingt, ist sie wohl doch nicht ganz ernst gemeint, seine Klage:
„Humor is recht a hartes Brot,
kaum hast an Fan – lacht der si tot.“

Sie kümmert si

Mei Frau kümmert si manchmoi a bisserl.
Wenn i unterwegs bin, bei der Kundschaft und es werd a Stünderl später als i gmoant hab, na hat s' glei Angst um mi.
Neili, beim Metzger Kandlinger, war der Dischkurs wieder amoi recht zeitraubend (a guats Gselchts hat er scho, der Kandlinger) und i bin erst um Achte bei eahm naus – um Siebne wollt i dahoam sei! – Für solche Fälle is as Telefon a recht a große Hilfe.
Bei der Kundschaft hab i mi geniert, i bin liaba in's nächste Telefonhäusl. Da hätt i jetzt wieder so an neumodischen Kreditpapperdeckel braucht – aber glei danebn war Gottseidank no a zwoats Häusl, so oans, wo man no a Geld neischmeißt. Koa halbe Stund hat's dauert, na hat de oid Oma, de wo drin gstand is, ihr Kuacharezept endlich durchgebn ghabt. Jetzt aber – nix wia nei!
Telefonnummern san net grad mei Stärkn und de eigne kon i mir scho gar net dermerka. Aber es gibt ja schließlich Telefonbüacha – wenn oans da waar! D' Nummer vo der Auskunft is mir aa grad net eigfalln, na hab i halt irgendoane gwählt. Der werd ma nacha scho nachschaugn, im Telefonbuach, nach meiner Nummer – wenn i 'n recht schee bitt!
's is a kloana Bua gwen. – I woaß jetzt ois vo seim Papa und vo der Nachbarin. Bloß, mei Telefonnummer, de hab i oiwei no net ghabt.
Nacha is no der Papa selber an 'n Apparat kemma. A netter Mo, aa-r-a Sechzga-Anhänger. Mir san grad beim Europacup-Finale 1965 gega Westham United gwen – is ma doch 's Hartgeld ausganga. Muaß i scheint 's a auswärtige Nummer derwischt ham.
Mittlerweilen war's hoibe elfe, da bin i aber glei hoamgfahrn. Mei Frau kümmert si nämlich manchmoi a bisserl – und da muaß ma na do scho Rücksicht nehma drauf!

Auf der Dult

Auf der Dult, da is 's schee,
i kannt stundenlang steh:

Vor de ganz oiden Sachan,
de s' in Taiwan drent machan,
vor de kupfernen Töpf,
vor de gipsernen Köpf,
vor de blechernen Schuideln,
vor de eigrahmten Buideln,
vor de Kugeln, so bunt,
vor der Kunst und vorm Schund,
vor de Guadeln und Schleckerln
(in Stranitzen, auf Steckerln),
vor de Tüacher und Bandeln
und no anderne Standeln.

San de Füaß dann malad,
nacha heb i mi staad
vor dem Maßkruag, dem stoanan,
drin im Bierzelt, im kloanan.

Auf der Dult, da is 's schee,
i kannt wieder moi geh.

Der eingebildete Kranke

Der Kare is a Ärzteschreck,
a jeder stöhnt, den wo er bsuacht.
„Is endlich mal der Gschmerzte weg!"
brummt dersel Doktor und er fluacht.

Der Kare is aa wirklich fad,
mal zwickts'n da, mal zwackts'n durt.
Rundumadum waar er malad,
so wuiselt er in einem furt.

„I woaß net, Dokter, meine Niern
und aa der Magn, i woaß net recht.
Heut taat i wieder gar nix spürn,
des moan i, des is bsonders schlecht!

Mei Herz des pumpert jeden Tag,
's Kreuz tuat weh und d' Knia dazua.
Der Schnaps, der werd ma aa zur Plag,
nach fünf, sechs Stamperl hab i gnua.

Geh Dokter, tua mi überweisen,
wia waars'n mit an Vetrinär?
Bal gar nix huift, nimm i an Preissen,
leicht werd grad der meim Wehdam Herr?"

Der Kare, wia 'r as halt versteht,
vom oana Arzt zum andern geht,
bringt so in seiner größten Not
den Ärzten Arbeit, Frust und Brot.

Und die Auguren, samt und sonder,
die testen eahm mit Sachverstand.
Die Diagnose: Hypochonder –
im höchsten Grad – und Simulant.

Gestern is der Kare gstorbn,
seine Ärzte alle sieben,
war die Laune schee verdorbn –
desmoi hat er's übertrieben.

Der Gebrauchtwagen

Ham Sie scho moi a gebrauchts Auto verkafft? – No net? Probiern S' es amoi! Es lohnt si.
Ma muaß si natürlich scho was eifalln lassen. Wia-r-i im Früahjahr mein neuen Fünfer kriagt hab, na war mei fünf Jahr oida, oida PKW zum Verkauf gstanden. – Gstanden, is der richtige Ausdruck. I hätt'n freilich drogebn kenna aa, aber so kriagst d' ja vui mehra. De Händler, de zahln ja nix!
Z'erst hab i a Marktanalyse gmacht (ma muaß ja schließlich wissen, was ma verlanga ko) und dann a Inserat aufgebn, am Wochenende. Vorher hamma des Auto zwoa Tag lang putzt, mei Frau und i. Eigentlich hat's mehra mei Frau putzt – i hab ihr immer zoagt, wo 's notwendig war. 'glänzt hat des Auto, mir hätten's am liabern nimmer hergebn. – Mir ham's aa gar net hergebn müaßen! – Am Samstag Mittag bin i dann extra in's Telefonhäusl vüriglaffa und hab mi selber ogrufa, weil ma gmoant ham, unser Telefon is kaputt. Nachmittag um-a-ra Drei is na der erste Anruf kemma – vo meim Freund, an Alisi: Ob mir uns scho entschieden hätten, dem welchenen Interessenten mir unseren Wagen geben wollen. – D' Freundschaft is aa nimmer des, was s' amoi war! Sunst hat koa oide Sau mehr bei uns ogläut. (Freili, was taat aa-r-a oide Sau mit unserm Auto?)
Des mit'm Inseriern war also nix! Am Samstag drauf bin i nacha in's Autokino nausgfahrn. Scho am Eingang ham s' mi aufghaltn und gfragt: „Was kost'n des Auto?" – I hab eahna mei Preisvorstellung gnennt und – na ham s' mi weiterfahrn lassen. 40 Mark hat des Eintritt kost! Für des Geld geh i ja scho in d' Oper (Aber da hätt i mein' fahrbaren Untersatz wahrscheinlich aa net losbracht.)
Ja und dann hamma uns halt auf dem großen Platz in Positur gestellt, mei Prachtstück und i. Mir san fast net belästigt wordn. Leut warn gnua draußen, aber de mehrern san scheint's bloß spaziern ganga und ham unter de tausend Blechkübel mei hochglanzpolierte Edelkarossen gar net gesehgn.

Zwoa Tandler hamma, nachdem s' zum vierten moi um an ganzen Platz gschlicha san, no a Angebot gmacht, des wo ma 's Wasser in d' Augn triebn hat – und a paar vo de Spaziergänger wollten meim guaten Stück no in's Mäu, respektive unter d' Haubn, schaugn. Des war's aber aa!

Am Montag hab i dann mei Verdrußstück bei uns draußen an an' Händler verkafft. – Durt steht's heut no umanand. Ab und zua, wenn i grad Zeit hab, bsuach i 's – mei scheens oids Auto.

Bello beim Christbaumkauf

Wuff! – Jetzt, moan i, geht der Boß furt!

Oiwei, wenn er aus dem winzigen Zimmer kimmt, wo 's Wasser rauscht und wo der komische Wind geht, den wo ma ei- und ausschalten ko – oiwei, wenn er da außakimmt, na muaß ma obacht gebn.

Ui, jetzt geht d' Tür auf. Siehgst as, siehgst as, jetzt hat er scho an Schuahlöffel in der Hand. Und er hat überhaupts no nix gsagt, ob i mitgeh derf. Jetzt werd 's Zeit, daß i mein Schwänzltanz aufführ. – Was, was pack i denn nur grad? – Ah, ja, an Schuah nimm i, den bring i eahm! – „Derf i jetzt mitgeh??" – Mei Liaba, da muaßt oiwei ein Gschau macha, damit er si erweichen laßt. – Ui, haut scho, i derf mit! I glaab, Auto fahrn tean ma aa. –

Des hat aber gar net lang dauert. Wo gehn ma 'n da heut hi? Was is 'n des für a gspaßiger kloana Woid? Da, da liegn ja de Bäum alle umanand! So, jetzt werd's recht, jetzt moan i, wui mei Boß de Bäum alle aufrichten. Oiwei wieder nimmt er oan in d' Hand und stellt 'n hi – und na schaugt er recht verdraaht und na laßt er 'n wieder falln. – Jetzt glaab i glei, der kafft an Baam! I glaab, der kafft mir an eignen Baam – ja, spinn i! – Pfeigrad laßt er si 'n eiwickln und zahlt und jetzt werd er hint' ins Auto einiquetscht. Ah, da bin i aber gspannt, was der mit dem Baam tuat?
Mei, jetzt fallt 's ma wieder ei – des Gspui hamma ja vorigs Jahr aa scho ghabt! – Der Baam steht jetzt a paar Tag in der Garag und na muaß i mi ganz hoamli neischleicha, wenn i moi hibieseln mächt.

Und na kimmt er in de guate Stubn
und na hängans 'n voller Glassachan
und na derfst net mit'm Schwanz wedeln,
   weil wieder irgendwas obafallt
und na zündens 'n o, glei an mehrerne Stelln
und brenna tuat er na do net gscheid
und gsunga werd, so laut scho
und na packeln s' was aus, was vorher eipackelt ham
und mir fliagt as Papier und de Bandln um de Ohrn
und der ganze Baam is scho dürr
und riacht nach nix mehr –

Naa, i woaß net! – I woaß net, was er da hat, mei Boß – mit dem Baam!

Aktiv-Urlaub

Der Schmittke, wo ein Millionär,
macht Skiurlaub in Val d' Isere.

A bisserl wepsi is er halt,
eahm brennt nix o, eahm werd nix kalt.
Um halbe siebne in der Fruah
da geht der Wecker, zwecks Rasur.

Um siebne werd dann duscht, eiskalt,
na reißt er 's Fenster auf mit Gwalt
und ziagt an' riesigen Expander
mit Händ und Nasen auseinander.

A wenig Hupfen mit der Schnur
verschönt die Beinmuskulatur.
Nach fuchzig Liegestütz am Schluß
geht er zum Frühstück voll Genuß.

Weizenklei und Rübensaft,
des macht schlank und gibt a Kraft
und zur Krönung vo dem Fraß
gibts a Ei, derdetscht im Glas.

A bisserl weich hatscht er zum Lift,
der ihn sogleich nach oben hievt.
Auffi fahrt er froh und munter,
recht derloabet kimmt er runter.

Quälend werd der Freizeitspaß
mit dem teuren Wochenpaß.
Skifahrn is a Hochgenuß,
wenn ma mag, net wenn ma muß.

Heimgekehrt in die Pension
winkt dem Schmittke heißer Lohn.
Vorbestellt derf er glei schwitzen,
si in d' Sauna einisitzen.

Damit 's hernach net gar so fad
begibt er sich in 's Hallenbad,
schwimmt fuchzig Bahnen auf und ab,
die Luft werd langsam bisserl knapp.

Geschafft enteilt er dann der Flut,
zieht vor sich selber noch den Hut
und bei knappe dreißig Grad
besteigt er schnell das Trimm-dich-Rad.

Die Witwe vo meim Millionär
macht nie Urlaub in Val d' Isere.

Urlaubsfreuden

Der Rudi, der war auf Sri Lanka,
der Robert z'tiafst in Afrika.
zruckkemma san s' na ois a Kranka –
steht eahna guat, d' Malaria.

Der Kare war in Rimini,
der packt 's net mehr mit 'm Hirn.
„Hock Du Di früah um siebne hi,
an' Strandplatz reserviern!"

De Wagner's trampten durch die Staaten,
ham dreiundreißig Städte gmacht.
Auf d' Frag, ob s' no was wissen taaten,
da ham s' bloß um die Wette glacht.

„Wo bist na Du im Urlaub gwen?" –
Mei liaber Freund, jetzt muaßt dir traun,
um laut und deutlich zu gestehn,
du mächast 's eigne Land oschaun.

I wisserd ma koa scheeners Zui,
für mi is da 'as Paradies –
und d' Leut verstehnga was i wui
und kenna tua i, was i iß.

Der Strohwitwer

Huraxdax, werd des a Lebn,
mei Oide, de fahrt furt.
Zum Täufling über 's Wasser hebn –
drei Tag lang bleibt s' da durt.

An so an Glückstag, in der Fruah,
verlaß i d' Bettstatt mit Bravour.

Der Kaffä kocht vo alloa
und sunst gibt 's äh nix mehr zum toa.
Weil 's Betten macha kannst d' dir sparn –
auf d' Nacht brauchst d' nacha bloß einifahrn.

Tassen, Teller und as Messer,
wenn ma 's oamoi grad gebraucht,
werdn durch 's Abspuin aa net besser –
drum in 's Wasser nur getaucht.

De GROSSE FREIHEIT, de beginnt
im Wirtshaus auf z' Mittag.
Da steht vor mir ein schönes Kind
und fragt mi, was i *mag?*

Es hätt mi scho a wengerl druckt,
doch als ein Mann von Welt
hab i mei Glust halt obigschluckt
und mir was z' *Essen* bestellt.

Hernach hab i a Auszeit gnumma,
vo zwoa bis vier am Kanapee.
Gestärkt dann, durch den kurzen Schlummer,
halt i im Geiste Defilee:

Gehst d' jetzt zum Wirt zum Kartenspuin?
Kanntst aa zu Viert im Garten gruilln,
„Vom Wind verweht" im Kino sitzen,
als „Lins – Prolet" as Video nützen.

Bsuach i d' Adele, a Jugendsünd –
bloß auf de Schnelle i s' do net find
und ganz gwiß hemmt 's de Euphorie –
de Gans is boid so oid wia i!

So Möglichkeiten gaab 's fei vui,
wüßt ma beizeiten, was ma wui.

As End vom Liad, ma is bequem,
legt si zufrieden nieder.
Huraxdax, werd des a Lebn,
morgn kommt mei Weiberl wieder!

War doch net schlecht,
(wenn ma grad mächt)
was für a Hund
ma gwen sei kunnt.

Im Nobel-Restaurant

Irgendwia hab i mir's ja glei denkt! I wollt aa im Eingang drin nomoi umdrahn, aber da war der Ober scho mit meim Mantel davo.
Der Tisch war deckt, wia für a Hochzeit und eahnern Bsteckkasten ham s' gleichmäßig über de ganze Tafel ausbroat, damits d' glei a Ersatzgabel zur Hand hast, bal dir oane nunterfallt. Eigentlich hat mi de Fürsorglichkeit a bisserl verwundert, weil in so am vürnehmen Lokal derf ma sowieso nix falln lassen – net amoi a saudumme Bemerkung!
I hab mi no koane dreimal umgschaugt, is scho der Ober wieder kemma, mit 'ner großen Karten und 'ner kloana Empfehlung: A Menu hätt i essen solln, mit 8 Gäng! – Des war ma zvui Arbat. Na wollt i mir so was vo der Karten raussucha. War aa-r-a mühsams Gschäft – ohne Französisch-Wörterbuach.
Fisch! – An Fisch hätt i vielleicht ganz gern g'essen. Bringt doch der guate Mo vier so Riesenviecher zum Aussucha auf am suibern Tablett daher. Wia 's Haupt vom Johannes! Hat 's ma scho glangt. – Bevor der no a ganz' Kaibi oder a Sau daherzogn hätt, hab i mir schnell an gfüllten Ochsenschwanz bstellt. Ohne Füllung frißt des bei uns dahoam oiwei der Hund. Mit Füllung hätt's wahrscheinlich net amoi der mögn.
Aber a guate Vorspeis hat 's gebn! – „Wildlachs mit Apfelrösti". Wuid war er net, der Lachs. Dafür war der Apfel a Erdapfel und „Apfelrösti" as Pseudonym vom Reiberdatschi – bloß kloa war er halt!
D' Weinkarten bin i, mit am dezenten Hinweis auf meine Niernstoana, grad no zum Abbiagn kemma. Fünf Weißbier warn dann des oanzig Nahrhafte an dem Abend.
Über d' Nachspeis laßt si nix Nachteiligs berichten – i hob koane g'essen.
Wiavui Stern des Lokal hat, kannt i jetzt gar net sagn. I hab jedenfalls no an ganzen Haufa gesehgn, wia i am Boden aufgschlagn bin, nachdem i des zsammagfoitelte Papier glesen ghabt hab. Am meisten hab i mi aber darüber g'ärgert, daß s' ma für a „Couvert" aa no 5 Mark aufgrechnet ham, wo des bei uns im Schreibwarengschäft ganze 5 Pfennig kost' und wo außerdem überhaupt gar koans dabei war!

Am liabsten gangat i halt wieder moi auf an gscheiden Schweinsbratn zu meiner Oma.

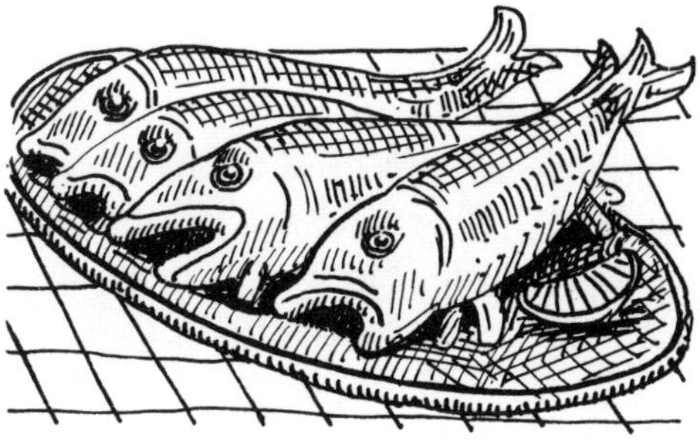

Koa Platz

De Leit san heit scho sonderbar,
gehst d' irgendwo zum Essen,
schaugst di kurz um, is 's dir scho klar –
de Wirtschaft kannst d' vergessen.

An jedem vo de Haufa Tisch
hockt oana, höchstens zwoa.
I bin ja sunst net wählerisch,
doch sagts, was sollt i toa?

Da sitzen d' Leut, des ko net sei,
oagschichtig umanand.
Für mi is jetzt koa Tisch mehr frei,
des haut di aus 'm Gwand.

Waar 's Not, daß d' di wo zuawihockst,
da kaamst ja glei ins Schwitzen.
De Menschheit is doch was Verstockts –
oagschichtig müaßn s' sitzen!

Baam aufrichten

Der Kare is a braver Mo,
oan Fehler hat er freili scho –
du kannst eahm jeden Auftrag gebn,
er werd net fertig, nia im Lebn.
Und 's Reserl, was sein Ehewei,
neigt aa-r-a weng zur Tritschlerei.

Ma ko si 's denga, daß so Leit
recht gstreßt san, jetzt zur Weihnachtszeit.
Mit 'm Baam aufrichten ham de zwoa
am heilgen Nachmittag no z' toa.

Und jeds Jahr gibt 's des gleiche Gschiß,
weil 's oiwei wieder schwierig is:
„Nehm-ma de Kugeln ganz in Gold,
oder in Suiba?" – „Des is z' koid!"
„Mit rote Bandln, des waar schee.
Oder bestreun ma 'n, weiß, wia Schnee?"

„Beim Hans-Girgl, bei meim Vetta
dekoriern s'n mit Lametta."
„Des is doch out, scho seit zwoa Jahr,
der Baam von Welt tragt Engelshaar!"

Ehvor s' no oisam ausdischkriert,
da hat der Kare resigniert.
Des Bäumerl schmückt er ganz genau
nach den Wünschen seiner Frau.

No oamoi macht er an Versuch,
zwegns echte Kerzen, mit Geruch.

A Fehlschlag war 's, a taktischer:
„Elektrische san praktischer"
erklärt sei Reserl und sie keift,
weil er halt gar nix recht begreift.

Sie werd krebsrot, bis s' nacha plärrt:
„Na mach 's halt so, wia'sd moanst, daß 's ghärt!"
Der Kare, recht entscheidungsfroh,
verlegt *elektrische,* grad so.
Der Baam erstrahlt in voller Pracht,
es is net spät, es is erst acht.

As Reserl greift scho nach der Glocken
um Kind und Kegel anzulocken.
Der Kare richt' no schnell de Spitzen,
rutscht aus, fangt o, sich zu verfitzen.

Es hat der Strom halt seine Tücken,
weil er bloß lafft in Kabelstricken.
Der Kare suacht no nach an' Halt,
de Theres schreit, der Christbaam fallt.

Der Kare, der liegt mittendrin
und holt an Spreißel aus 'm Kinn.
Des waar, so moant er, leicht pikiert,
mit Honigkerzen net passiert.

's Reserl aber, voller Zorn,
de is dann no recht deutlich worn:
„A so a Mannsbuid, so a sturs –
weil 's oiwei nach seim Kopf geh muaß!"

Der Geburtstagswunsch

Der Theres ihr Geburtstag werd jeds Jahr groß gfeiert, ob s' mag, oder net. Meistens mag s'! (Eher gebn de Andern sowieso koa Ruah.)
Paar Wocha vorher fragt scho der Bua: „Wia mach ma 'n des heuer, an Deim Geburtstag?" und d' Tochter erkundigt si scheinheilig: „Bist Du heuer an Deim Geburtstag dahoam?" Der Opa ist si seiner Sache grundsätzlich sicher und wui bloß no d' Uhrzeit wissen, wann er kemma soll, zum Gratuliern!
Und so geht 's halt naus, wia jeds Jahr: (K)einer rief – und alle, alle kamen. – „Weil bei Euch dahoam is 's halt doch immer am gmüatlichsten!"
Und d' Theres bleibt ihrem Ruf nix schuldig und – kocht auf! Des Ganze laßt si natürlich nur bewältigen, weil der Mo vo der Theres, der Franze, nach besten Kräften mithuift. Meistens holt er si a Buach (es muaß net unbedingt a Kochbuach sei) und na verziagt er si damit in sein' Lehnstuhl – damit er net im Weg umgeht!
Aber er packt scho o aa: A bisserl schwer war s' halt, de Abfalltüten, und so is er nimmer ganz bis zur Tür kemma, bevor eahm d' Henkel obgrissen san. Beim Aufwischen hätt dann sei Frau gmoant: „Du bist ma scho a rechte Hilfe!", aber er hat nur in aller Bescheidenheit abgewehrt: „I huif gern, Du brauchst as bloß sagn!"
Auf de Weis hat 's unser Theres no jeds Jahr – und aa heuer wieder – gschafft, daß s' Punkt Zwölfe, wia d' Gratulanten kemma san (der Opa war vorsichtshalber scho a dreiviertelte Stund vorher da), daß s' oiso Punkt Zwölfe fertig war – ganz und gar! Und auftragn hat s'! – A Pfannakuachasuppen hat 's gebn, a Ganserl mit Blaukraut und Knödl und, als Nachspeis, Bratäpfel.
Daß as Tranchiern vo der Gans Männerarbad is, versteht si vo selba. Vater und Sohn wechseln si vo Jahr zu Jahr ab, scho zwegns der Bluatblasen, de wo ma si beim Hantiern mit so 'ner Geflügelscher a jedsmoi eihandelt.
Ja, und dann hams es hochlebn lassen, des Geburtstagskind. D' Theres

hat eahna no ausdrücklich eigschärft: „Daß ma fei koana was mitbringt!“ – aber neamds hat si dro ghaltn.
Der Opa hat sei dreckate Wasch „mitbracht“, d’ Tochter a paar Blusen zum Bügeln und der Bua und d’ Schwiegertochter as Enkelkind zum Übernachten: „Weil ma heut no ins Kino geh mächten. Is Dir doch recht, gel Mama!“
Zum Kaffee hat ’s nacha no dreierlei Kuacha gebn und abends an Obatzten, a koide Platten, a paar Salate, a bisserl was vom Grill und a Gulaschsuppen. Was ma halt in kurzer Zeit und ganz nebenbei so auf d’ Füaß stellt!
Schee war er wieder, der Geburtstag. – Auf d’ Nacht, wia s’ alle draußen warn, as Gschirr abgwaschn und as Enkelkind im Bett, hat si d’ Theres auf ’s Kanapee falln lassen und hat ihrm Angetrauten a kloans Geheimnis verraten: „Oamoi hätt i mir gwünscht, daß ma mein’ Geburtstag ganz alloa, zu zwoat, feiern kannten.“
A ausgfallner Geburtstagswunsch – oder vielleicht net?

CHRISTL GEHRKE

Wenn i von ana Reise hoamkimm, in Gmund steh und siech mei Tegernseer Tal vor mir liegn, hob i des Gfui, d' Berg umarmen mi und mir geht's Herz auf und i bin glücklich!
Links griaßt mi Tegernsee, wo i 1935 geborn bin und de Türm vo da Schloßkirch lachan mi o, do hot mi da Kardinal Faulhaber gfirmt. Da Wallberg steht grod vor mir, Rottach spitzt vira, Kreuth und Glashüttn siecht ma nimmer. Vor 200 Jahr ham se do meine Vorfahrn scho aufghoitn.
Dann kimmt Wiessee, mei gliabts Wiessee! Do bin i dahoam und do g'her i hi. Do steht mei Elternhaus, am Friedhof liegn meine Leit, do kenn i jeden Baam, jeden Stoa, jeds Viech, do hob i mei Auskemma und do g'her i hi.
Es packt mi so a unbandige Freid, daß i an den scheensten Fleck vo da Welt hig'her und i woaß's ganz gwiß, weggeh von do tua i nia, hechstens dann, wann Er do drobn moant, jetzt werat's Zeit für mi!

Abschied

Pfiat di Gott, du Schwaiberl, du liabs,
i wünsch dir an recht guatn Flug,
kimmt a Gefahr, sei gscheit und umfliag s'
und kimm ma ja gsund wieda zruck!

I woaß's scho, du muaßt di jetzt schleina,
da Wind waht a diam scho so koid
und da Newe ziagt in da Friah eina,
's is koa Tog mehr, der di no hoit.

Pfiat di Gott, du Schwaiberl, du kloans,
a hoibs Jahr warst mei Freid,
fliag zua, sonst bist ganz alloans,
fliag zua, es werd hechste Zeit!

Die Feder

„Du tanzt so leicht, wia a Feder", des war friahras des greßte Kompliment, des a Tänzer seiner Partnerin macha hot kenna.
Ma muaß si des vorstelln, a Feder, de si vom Wind in d' Höh wirbeln loßt, sanft wieder am Bodn aufkimmt, daß'n kaam berührt, dahischwebt, wia a kloane duftige Woikn, dann wieda flattert, ois waar's a weißer, zarter Schmetterling. Und do sogt Oana zu dir, du tanzt so leicht, wia a Feder.
Des klingt noch, lang. So wos, glaab i, vergißt ma nia.
Do woaß i zum Beispui no genau, wer des zu mir gsogt hot, wann des gsogt worn is, wia des gsogt worn is, wia oft des gsogt worn is und wia i mi do gfühlt hob.
I hob mi guat gfühlt. I glaab, de Pawlowa hot se, nochdem s' an sterbenden Schwan tanzt hot und zehn Vorhäng ghabt hot, aa net besser gfühlt.

D' Fruahjahrszeit

D' Kiah liegn in da Blumawiesn
mit ganz vertraamte Augn,
de Fruhjahrssonna tan s' genießn
und 's Gros ganz langsam wiederkau'n.

Rundrum bliaht da Löwenzahn,
ois wia tausend goidne Stern,
zwischendrinn stehn Buachanbaam
mit junge Blattl, saftiggrean.

Für mi konn's gar nix Scheeners gebn,
i hob inwendig so a Freid,
mog zuaschaugn und mog s' aa erlebn,
de wundersame Fruahjahrszeit!

Ob da Herrgott lacht

Warum derf ma in da Kirch nia lacha?
Warum is's do oiwei so traurig?
Do muaßt andauernd auf schuldig macha,
i empfind des manchmoi gleich schaurig!

Ja, hot denn da Herrgott nia glacht?
Des konn's doch net gebn!
Er hot uns so wia ma san amoi gmacht
und's Lacha ghert hoit zum Lebn.

I soi mi für d' Sündn vom Adam schaama,
dawei hob i den doch gar net kennt,
und d' Singbiachl taat i am liabstn verramma,
weil fast a jeds Liadl wos Triabsinnigs nennt.

I glaab, i muaß ma vom Hergott a anders Buidl macha,
net a so abgrundtiaf traurigs, i loß'n aa amoi lacha!

D' Gluat

A Strohfeuer
und a Kachelofen
ham se heuer
zwengs ana Liabschaft troffen.
'S Strohfeuer hot knistert und brennt,
hat zingelt und bliaht
und wia justament
da Kachelofen schee langsam gliaht,
war's scho vorbei und gar
mit'm Strohfeuer seina Gluat.
Da Kachelofen, gwiß wahr,
hockt jetzt do voller Wuat!

Glück

Glück! Wos is Glück? Wia oft is ma so richtig glücklich, am Himme nah? San's Augenblicke, san's Stunden, san's Tage?
Frogst de seiba und gibst da fünf Minuten Zeit zum Überlegn, dann bringst gwiß net mehra ois fünfmoi zamm, wos d' sogn konnst, „do war i ohne Wenn und Aber glücklich, einfach glücklich".
Mei Glück spuit se nia im großn Rahma ob. Des überkimmt mi beim Schifahrn, wenn d' Sonna scheint, da Schi lafft, da Schnee glitzert, do kunnt i vor Glück schrei'n. Amoi sitz i in am Stodl im Winter ganz staad, schaug bei am Schlitz außi und siech, wia d' Reh vorsichtig und langsam an d' Fuatakrippn kemman. I trau mi kaam schnaufn, damit des inwendige Glück net vergeht. Am See paarn se zwoa Schwäne, de stoizen, weißen Vögel. Sie gengan mitanander um so liebevoll, so behutsam, sie tan d' Köpf zamm, daß's ausschaugt, wia a wunderscheens Herz. I bin verzaubert und s' Glück ziagt in mei Herz ei.
A kloans Kind lacht zum erstenmoi in seim Lebn und lacht mi o, ausgerechnet mi, und des macht mi glücklich und reich.
Mei Glück is a groß's, kloans Glück, des fliagt mi o, des macht mi ganz staad oder i muaß's außischrei'n, des hot nix mit Zeit, mit Ruhm, mit Geld z'toa. Und wo i mir jetzt Gedanken mach über's Glück, bin i glei glücklich, daß i woaß, wia oft i glücklich sei konn.

Die Gesundheit

Wann's dir guat geht und du di rundrum wohlfühlst, konnst da des überhaupts net vorstelln, wia's anders sei kannt.
Do laffst hemdsärmlig bei da greßtn Kältn umanand, de andern kemman mit'm Wintermantel, Haubn und Handschuah daher und du lachst eahna recht dreckat in's Gsicht und bist hoibat nackat. Oda du

roast barfuaß, wann's scho an Reif hot, ollerwei no in Gartn außi, gehst an Allerheiligen mit an leichtn Kostümerl auf'n Friedhof und loßt de andern oid ausschaugn.
Aba nacha, wannst vo Hoisweh bloß no krachzn konnst und dei Nosn so rot is vo lauter Katarrh, wia a Radieserl, dann denkst über d' Gsundheit aa anders.
Dann laffst beim greßtn Sonnenschein mit'm Kopftiachl zum Dokta, hockst de in's hinterste Eckerl, weil mit dir sowieso Koana wos z'toa hom mog, weil s' Angst ham, daß das osteckst.
Verlorne Tog san des, wannst a so umanandahängst mit deiner Krankheit und deim Grant und es dauert lang, arg lang, bis de wieda so guat fühlst, daß d' hemdsärmlig bei da Kältn außilaffst.

'S Schubladl

Schee waar's, wann ma für's Gfui a Schubladl hätt,
wo ma's neitoa kannt, wann's im Weg umgeht!
Bois oan d' Sicht versperrt
und an Blick eitriabt,
beim Denka stört
und 's Moß verschiabt.
Do waar hoit a Schubladl guat,
wo ma dann 's Gfui einituat
und an Schlüssel umdraht,
bis d' wieda aufmachst, is's leicht verwaht!

D' Aschentonne

Des Innenlebn
von a Aschentonna
konn da Aufschluß gebn,
wos für Leit do wohna.

Ob s' auf d' Umwelt achten
oder eahna ois wurscht is,
ob s' seiba schlachten,
wia groß da Durscht is.

Ob s' Brot und Semmen wegschmeißn
oder ob eahna no wos heilig is,
ob s' eahnre oidn Liabsbriaf zreißn
oda a Mahnung mit oam Riß.

Do brauchst koan Kaffeesotz von a Wahrsagerin,
in da Aschentonne steht über d' Leit ois drinn!

A Igellebn

Und koana woant um eahm,
ois hätt's 'n niamois gebn.
Es war a lautlos' Sterbn,
's war ja grod a Igellebn.

All de Jahr
warn seine Stacheln sei Schutz
und jetzt, bei dera Gefahr,
warn s' zu gar nix mehr nutz.

Er hot si schnei duckt,
seine Stacheln aufgsteit,
jetzt liegt er dadruckt
auf da Straß – überroit.

Da Newe

Da Newe ziagt eina,
verschleiert des Land,
a Dunst, a ganz feiner,
kriacht am Bodn umanand.

Da Newe werd dichter,
a muichige Suppn,
verschwommene Gsichter,
d' Leit wern wia Puppn.

Wos laut is, werd leise,
de Schattn verschwindn,
geht da Newe auf Reise,
konnst de seim kaam mehr findn.

D' Fuatastell

Da Bach rinnt langsam unterm Eis
und d' Stoana ham dicke Haubn auf.
D' Baam san tiaf verschneit, ganz weiß,
da Winta nimmt no amoi an Olauf.

An herbn Gruch waht's mir in d' Nasn,
boid miaßat s' kemma, noch da nachstn Reibn,
de Fuatastell für d' Reh, für d' Hasn,
i bin ganz staad, i mechat nix vertreibn.

Segn tua i vo de Wuidling koans,
doch i woaß, da ganze Woid is voller Augn,
des gfreit mi, i bin net alloans,
weil s' olle zu mir zuawaschaugn.

Der Bauer und sei Zither

Wia konn de schwaare Bauernhand
de Zither so fein schlogn?
De Finger greifan umanand
und d' Musi hot jetzt 's sogn.

Er macht koa Aufhebns von seim Spui
der Bauer und sei Zither,
er spuit hoit, weil's sei Gfui so wui,
er braucht koan Lärm, koan Flitter.

Er spuit mit seine schwaaren Händ,
laßt d' Saitn jubeln, singa,
und is's dann aus und is's dann z' End
und i geh hoam in meine Wänd,
dann nimm i's mit des Klinga!

Wenn i wißat

Wenn i wißat, daß's morgn rengt,
brauchat i heit nimma giaßn,
und wenn i wißat, wos si der über mi denkt,
taat i eahm wahrscheinli gar net griaßn.
Aba wissn tua i gar nix und des werd aa guat sei,
und drum wer i giaßn und griaßn,
   aba auf alle Fälle auf da Huat sei!

Mein Problem

Des Eiwickeln von de Weihnachtsgschenka
des is so a Gschicht,
wickelts d' as ei oder tuast d' as nicht.
Wickelts d' as net ei,
kannt's leicht sei,
daß der, der's kriagt,
a Letschn ziagt.
Wickelts d' as ei in a scheens Papier,
dann geht's da leicht so, wia letzthin mir,
daß's aufgrissen werd ohne Freid und Acht
und du host da umsonst sovui Arbat gmacht.
Oiso wickelts d' as net ei,
laßt d' as sei!
Nimmst auf alle Fälle 's Papier mit und frogst,
wannst d' as herschenkst, obs d' as net oda eigwickelt mogst!

Die Ernährung

Ois, wos da schmecka taat, soidst vergessn,
statt am Butterbrot muaßt Margarine essn,
da Zucka is von Haus aus gstricha,
mit Hormone ham s' Fleisch vadorbn von unsre Viecha.
An d' Schwammerl brauchst überhaupt net denka,
findst an Stoapuiz, konnst'n grod no deim Todfeind schenka.
D' Fisch san verwurmt und da Wein is vergift,
jetzt sog du mir Oan, den des ois net betrifft.
net amoi mehr's Bier is rein,
do konn de 's Lebn boid nimma gfrein!

In Reimen denga

Manchmoi denk i in Reimen,
manchmoi in Farben,
manchmoi in Liadern so feinen,
manchmoi in Träumen ganz zarten.

D' Wirklichkeit is hart und rauh,
da muaß ma se oftmois verziagn,
auf Woikn, so leicht, so liacht und so blau,
de lüftig und fein umanandafliagn.

Und dann konn ma
Worte in Reime fassn,
Farbn zum Leuchten bringa,
Träume schweben lassn,
froha Liada singa
und d' Seele bis zum Himmi naufschwinga.

'S Loch im Himme

Unser Himmi hot a Loch,
des konn ma nimma flicka,
des is vui z' groß, vui z' hoch,
wen soid ma do nauf schicka?

Unser Wasser is nimma klar,
des konn aa neamds mehr richtn,
unser Wort is nimma wahr,
auf uns konn ma verzichtn.

Unser Welt, de hot an Sprung,
den konn ma nimma kitten,
sie is aa nimma jung,
sie hot scho so vui glittn.

Mein Freund

A gscheida Mo hot amoi gschriebn: „Du Hund – nur seinen besten Freund sollte man so nennen dürfen." Mir hot der Verfasser (R. Katz) von dene Worte aus'm Herzn gsprocha.
Wenn i so überleg, dann drängt se mir auf, daß de boarischn Leit ollerweil scho so gfühlt ham miaßn, weil, wo gibt's des scho, daß ma von Oam sogt, den ma ois wos Bsonders oschaugt, „a Hund ist er scho!" Oder wann se Burschen seiba lobn, koane hochtrabenden Worte dazua brauchan, aba von uns Eigsessna sofort verstandn werdn, dann sogn s', „mir san vielleicht Hund!"
„Des is a varreckter Hund", des is de Steigerung und hoaßt bei uns ganz gwiß net, daß des a toter Hund is, sondern im Gegenteil, a ganz a wuider Hund. Wobei wuider Hund nix mi'm Wuidern z'toa hot, weil a wuider Hund is im Sprachgebrauch a odrahter Hund. Übersetzt hoaßt des „abgedrehter" Hund und waar scho wieda a abgmurkster Hund.
Bei uns is aber a odrahter Hund so wos ähnlichs, wia a varreckter Hund und a varreckter Hund is a wuider Hund und durchaus lebendig. Dann gibt's no seltne Hund, zeahme Hund, feine Hund und ganz selten Sauhund. Und sogar beim Sauhund schwingt no irgendwo a Hauch von Bewunderung mit.
Und a Bewunderung, a Stoiz und a Liab schwingt bei mir mit, wenn i sog, „mei Hund".
Mei Hund is mei Freind und wenn i mein Hund oschaug, wia der mi oschaugt, dann woaß i, daß se der denkt, „mei Mensch, des is a Hund!"

FRIEDRICH JOHANN LACKNER

Wolfratshausen, Dr. med., Augenarzt, Jahrgang 1921.
Mitglied des Bundesverbandes Deutscher Ärzteschriftsteller und der UMEM. Altbayer, wie er sagt „vom Boa weg". Bewahrt feinsinnig-hintergründige, lakonische bis derbe Mundartfetzen, deren schlitzohrige Inhalte er gern in bayrisch-deftige Sentenzen umwandelt.
Er träumt noch von einer bayerischen Hochsprache, die auch jene Gemütsbewegungen verdeutlichen kann, zu denen das Hochdeutsche nicht mehr ausreicht.

Das Kletznbrot

In dem selbign Jahr hat der Winter recht bald zuagschlagn. Der Holzer is ein großer Einödbauer gwesn. In seine altn Tag war er bloß noch ein Grischperl. Am Magn hat er 's ghabt und so is er halt langsam verhungert. Wie er dann um Martini rum ganz eingschlafn is, soll er auch vollends eindörrt gwesn sein –
hat ma gsagt.
Früara warn auf den großen Einödhöfen mit dem Haufn Gsind oft ein paar grob gehobelte Fichtensärg. Meistens sind sie auf dem Tennenbodn gstandn, weil, wenn der Bergwald einmal zuagschneit war, man vor Lichtmeß nimmer ins Dorf nunter hat kommen können. Is dann um die Zeit einer gstorbn, hat man ihn einfach in die Sargkistn hineinfriern lassn.
In dem Jahr is es aber ganz anders gekommen, weil um Kathrein ein Mordstauwetter eingesetzt hat. Da habn sie dann den Sarg noch rechtzeitig auf den Gottsacker bringen können.
Eine schöne Leich soll er ghabt ham, der Holzerbauer –
hat ma gsagt.
Bald drauf war der Hof dann wieder bis obn hinauf eingschneit und es is höchste Zeit worn, daß die Wittfrau zum Kletznbrot hergricht hat.
Wie sie dann in der einen Hand die Stall Latern, mit der andern den Kistndeckl aufhebt, da schreit s' laut auf: „Ja, meiner Seel, Vata, nachand ham de statt deiner meine Kletzn eigrabn!"
Recht friedli soll er da glegn sei, bloß auch a weni verhutzelt –
hat ma gsagt.
Die letzn Jahr her hat die Bäurin ihre Kletzn immer in einer so gut hernehmlichen Sargkistn vor einem frühzeitigen Zugriff versteckt.
Auf das hin ham s' beim Holzerbauern im selbigen Jahr kein Kletznbrot ghabt.
Im Frühjahr dann sind die Kistn sauber austauscht wordn und es hat wieder eine schöne Leich gebn –
hat ma gsagt.

Da boarische Himmi

Dennascht hab i a Engerl gsehgn
wia 's aufgfahrn is
kirzngrad in Himmi nei.

Bin in da Wiesn glegn
wia 's aufgfahrn is,
ko aa im Moos gwen sei.

Blinzlt han i
wia 's aufgfahrn is,
in d' Sonna nei

und schwörn ko i,
des woaß i gwiß –
wenn 's sei muaß – glei:

Grad is aufizogn,
gsunga, wia a Cherubim!
is 's – Lerchal – abagflogn.

Waarst – Engerl – bloß drooma bliebn . . .

Diamoi

A diamoi fragn: „Wo kimm i her?"
und auf seim Weg a weni umschaugn –
a diam amoi fallt so was schwer
und etli wern danach leicht dumm schaugn.

A diam amoi was abischlucka
und ned jeds Unrecht außiblärrn;
a diam amoi an Schlag vadrucka –
kunnt leicht gar a Lawina wern.

A diam amoi a weni zaacha, –
muaß sei, daß' oana oane fangt –
a diam amoi a weni gaacha
ois wias de flache Hand volangt.

A diam amoi a Herz für Kloane,
bloß so, daß neamad inna werd;
a diam amoi, als waar da Oane
net mehra ois da Anda wert.

A diam amoi brauchts 'zammasteh
und seine Zähn 'zammbeißn,
a diam amoi in Hoagascht geh,
statt um an Postn reißn.

A diam amoi a Aug zuadrucka,
wenn ebbas net ganz sauber is –
a diam amoi si abibucka
und nomoi fragn: „Ja woaß ma's gwiß?"

A diam amoi sei Mei aufmacha,
wenn üba andre schlecht gredt werd,
a diam amoi net dreckad lacha
und doa, als hätt mas gar net ghört.

A diamoi woi an Teifi reitn
und für was ganz was Gspinnats taugn,
kurz: diamoi vo da andern Seitn
in Zuawiziaga einischaugn.

De kloane und de große Welt

A so a batzei a greans Feld,
des is für eahm a kloane Welt,
weil; wen i mi an Bodn hin leg
is da Himmi net weida weg.
Wia da Käfa auf a Rispn rutscht
und a Muggn auf an Grashoim hutscht
a Eidachsl auf an Steandl flackt
hat an Wurm scho beim Hörndl packt
und luart durch a Grashalmluckn
akurat auf de hatschat Muckn.
A glanzade giftgrüane Fliagn,
de möchtat an an Bluami ziagn,
so lang bis daß a Biena kimmt
und ihr des Mäu voll Honi nimmt.
Jetzt landt hiebei a weni scheps,
wia bsuffa kimt a rei, der Weps.
Aus Irrtum möcht a kloane Gruin
dort mit an großn Heuschreck spuin.
Am Löwnzahn von an Sagbladl
ziagt a metalangs Spinfadl
und ganz tiaf in Gras drina
grabit sie: d' Spinna,
langhaxat und eckat
ihra Bauch, der is gscheckat.
An an andern grean Fleckal,
da läut a blaus Glöckal.
A Ameisn a rote,
ziagt a andane, a tote
und wieda a andane oder zwoa,
tragn a Mordsdrum weiß Oa,
und a Lüftei kimt auf,

wenn i a weng schnauf,
daß' a Kleebladl staad,
wia a Spinradl draht,
un denascht glaubst schier
oder kimt da so für,
daß a Sturm kema dat,
wen da Wind drüba waht.

Wir i da a so flagg
und oiß a so mag,
da kimt übas Feld,
de ganz große Welt.
Mit an oanzigen Schlag
werd da Traum wieda Tag,
wenn a Koibn drüba grast,
und koan Halm net steh laßt!

Am Lipp sei Wehdam

(Nach einer Prosa von Georg Queri)

Am Lipp, dem fehlt's scho lang im Kreiz
und aufgebn hat ea 's scho bereits,
weil d' Soima, grad a so wia d' Pflaster,
rein gar nix helfan gegn des Laster. –

Und was ea net scho alles 'triebn hat:
vui Mittel gfressn, bis ea s' gspiem hat...
Jetzt schickt zum Bader ea sei Zenz;
(Ea hats net mit da Eloquenz.)

Da Lipp is dumm – sei Zenz no dümmer –
drum woaß s', bis s' hoamkimmt, lang scho nimmer
was s' mit de Viecher macha soll:
de werd ea fressn müassn wohl?

A Dutzad schwarze kunntn 's sei.
„I hau s' eahm halt in d'Pfanna nei."
Da Lipp moant eher: „So wia s' san –
weil s' bappan, wia da Pelikan."

Und was eahm auffallt, daß' net rutschn –
ja, mechtn gar inwendi lutschn:
grad z'doa hat ea damit im Mei,
so beißn s' eahm in d' Backa nei.

De erstn viere wurgt er stramm –
na ko ma 'n einfach nimma ham:
de nächstn viere, was sollt 's sei:
de haut eahm Zenz in d' Pfanna nei.

Mit Schmalz und Zwiefe kunntn s' geh.
– 's Kreiz tuat jetz lang scho nimma weh –
De zwoatn Viere schmeckand a net,
de frißt ea, weil eahm Zenz guat zuaredt.

De greifan o, de schiachn Hund.
Grad viere no, dann hätt' ea s' drunt;
sie gengan als Salat mit öi.
Des is a Roßkur, meina Seel!

Da Bader kimmt am nachstn Tag.
„Wia geht 's da, Lipp", des is sei Frag.
„Da Wehdam is, mir scheint, vorbei.
Im Magn drin liegn s' ma halt wia Blei.

Wern woi de erstn viere sei:
de krein se no recht schiali ei
de sellan, de han drinna bliebn,
de letztn achte hab i gschpiem."

Da Bader werd ganz grea im Gsicht
und des is nachand sei Bericht:
„'s gibt Viecher, de ma essn ko
Bluategel aber – setzt ma o."

No net z' spat

Zum Übertreibn hab i koan Grund,
des war in Niederbayern drunt,
Was heut a Kernland worn is gar,
Net, daß des frührars aa so war,
Da hat ma anders gschaugt aufs Geld.
Aufs Haus, an Wald und s'Hopfafeld.
Und is gar Zeit zur Houzeit kema,
da muaß mas no vui gnauer nehma.

D'Res war, hast ghört, a saubas Wei
a ganz schöns Sach war aa dabei.
ja Zähn hats ghabt, so schee wia Stern
und bald soits Hansenbäurin wern.
Da spürts auf d'Nacht an schiachn Wehdam,
– grad jetzand, wo ma so an Schnee ham, –
gront da da Hansnbauernbua,
spannt ein und halt auf Straubing zua.
Da Zahnarzt moant, der Zahn ghört grissn
und sagts mitn allerbestn Gwissn.
Jetz fallts an Hansenbauern ein,
des kunt ja spater wieder sein
und ganz auf'd Letzt, des woaß ma gwiß,
braucht d'Res gar no a teuers Bieß.
Grad wia da Dokta schwitzt und ziegt
und gach auf d'Res si abibiagt,
da sagt da Bua, des waar zun Lacha,
zun Dokta: konst glei weiter macha.
Mei Res, de hat a so scheens Gfrieß
ziegst alle Zähn und machst a Bieß.
Sie arbat guat, des kimt dazua
und bei da Nacht hats ihra Ruah

mit Zähn de wo ma raus doa koo.
So schee, wia d’Stern werns oiwei no,
mach ihra halt zwoa ganze Recha,

Jetzt muaß’ ja no sei Vata blecha.

Der alte Ged

Da kimmt sel der Hias
– und er führt sein Ged –
zum Dokta. Der fragt wia ’s
am alten Veit geht.

Is geht it kommod,
weil halt der alt Mo
– bevor daß er dod –
nimma arbatn ko.

Wo ’s feit, fragt da Dokta,
– wia ma halt a so fragt –
„Schaug ’n o dort, sel hockt a,
frag ’n selm, was a sagt!“

„Ja Veitl, wia geits?
– und dei Pratzn, wia des?
ma siechts, dera feits
und eing’fatscht hats d’ Res.“

Da Veitl, der zoagt eahm
de g'stingate Fatschn,
no hat er s' neamt zoagt, weil deam
d' Leut a so ratschn.

Da Dokta – vom Wehdam
is er allerhand gwöhnt –
haut d' Händ überm Kopf z'samm,
weil er so was scho kennt:

Von da Salbn a paar Batzn
– da, wo früaras a Hand –
jetz a kohlschwazre Pratzn
und de sel hat an Brand.

„Ja Veit" sagt da Dokta,
„da hast höchste Zeit
und bald scho" – da stockt a –
„ghörst zua de gstorbana Leit!"

„A so" moant da Veitl,
„na schneidst as hoit a,
da bin i net eitl,
was ra muaß, muaß ra!"

An etliche Tag
san vastricha danach
und was i no sag,
war' a löbliche Sach:

's is oisam guat ganga,
da Veitl werd g'sund,
ko net mehra valanga:
de sehr Hand herunt.

Bal da Dokta eahm fragt:
– an Veit – wia 's eahm geht,
is des Höchst, wa a sagt:
„Naa, schlechta is 'net!"

Da Hias hingegn keift,
daß grad *der* oide Mo,
– was sei Hirn net begreift –
nimma arbatn ko.

Doppit gnaaht

Was waar denn Minga ohne Wiesn,
grad früaras in da Zeit, da miesn
und sella in de dreißger Jahr –
und no glei was: DE Gschicht is wahr!

Da oa, der is gar arg zuagrich't,
er bluat no übas ganze Gsicht,
da anda hebt an Daam auf d'Höh
und blärd, er dad eahm greisli weh. –
So bsundas muaß ma des net nehma:
san auf da Wiesn z'raffa kemma.

Der mitn Daama war da schnella:
an laarn Maßkruag packt da sella
und hoid den andan üban Disch,
dann ziagt a eahm – schnell mit oan Wisch
und Wucht – aufs Hirn mitn laarn Seidl
in d'Schwartn nei den schönstn Scheitl.
In oan Punkt hat er's net guad gregelt:
den *eigna* Dama außakegelt.

No ja, den oana hat ma gnaht,
da anda, der war a glei staad,
denn, der hat a Narkose braucht.
Wenn was varengt is, oda gstaucht,
konst mit da Spritzn net vui macha –
(as Eirenga is net zum Lacha.)

So wart da Gnahte aufn Raufbold
– ja, wenns a schwar foid, duad ma des hoid –
Sie kemman bis zun nachstn Beißl
am Stachus, ne'm an Trambahnheisl. –
Da werd jetz ernsthaft dischkutiert:

„Wer hat vo uns am meisten gspürt?“
Der mit da Spritzn, den wo's gnaht ham,
der mitn Rausch, den wo's vadraht ham?

Der hat ja no so langsam gschaugt
und des hat jetz den andan daugt:
An Maßkrug hat a gschwinda ghabt
und bis da oa no zuawidappt,
da hat a scho den schensten Schmiß.
Wia der na untan Tisch nei is,
da anda glei sein Wehdam spannt
an Dama spreizt a vo da Hand:
auskeglt is der, des is klar,
weil desmoi *er* da Schneller war.

Den Foi, den muaß ma nomoi nehma,
daß mir da ganz ins Klare kemma:
A jeda hat an Daam' ausghengt
– des hat sie jeda selba gschenkt –
und jeda hat a gspoitne Schwartn.
Bloß desmoi brauchans nimma wartn:
Der, wo jetz de Narkosn kriagt,
muaß – daß' eahm ja nix mehr vabiagt –
an Tag im Krangahaus drin bleibn:
Soo werdn s' as dann woi nimma treibn!

Vom alten Mühlthaler, der versoffn ist

(Nach einer Prosa von Georg Queri)

Die Würm – gmoant is der große Bach –
und net, was i aufs Vorderfach
von meiner Angl aufistich,
gmoant is as Wasser, net as Viech.
Wo d'Würm vom Würmsee außalauft,
dort also hat er 's letzt mal gschnauft,
bevor er mit an Fetznrausch
hat gmacht sein allerletzten Tausch.

Der Mühlthaler – an oider Bauer –
braucht seine Taler nur für Brauer,
um just sein schönes Rentnerleben
dem nassen Tode hinzugeben.

Er war as Monat scho vermißt,
(beiläufig hats a jeder gwißt)
„Der war hoit bsuffa", so sagn d'Leit,
bloß ganz gwiß woas ma 's erst seit heit.

So hat man gsuacht und endli gfunna,
– ja, gar a Wett hat oana gwunna –
daß justament der oide Mo
bloß dort im Gadern hänga ko.

Do sand an Haufa Staudn druntn
und do ham 's scho amoi oan gfundn.
Akkrat am Einlauf vom Kanal,
dort grundeln a de langa Aal.

Jetzt hängt er, schier is net zum glaubn,
am Gadern dort an einer Schraubn
und ausgerechnet seine Enkel
derwischen eahm am Oberschenkel.

Sie ziagn eahm außa über d' Rampn
im Schein vo da Petroleumlampn –
da flitzn, wia wann's blitzat schier,
a Dutzand fette Aaal hervür...

Jetz werd 's eh klar, des san de Lackl
wo s' jüngst dort gfangt ham – seltne Prackl!
Auf d' letzt verlaßt den guatn Platz
vollg'fressen no a großer Ratz.

De Aal warn grad zu dera Zeit
– und des a bloß für feine Leit –
a Schmankerl. Wohl mit Vorbedacht:
Sie ham a ganz schee Taler bracht.

Da san de Buam gar nimma sicher –
oansteils de scheena fettn Viecher
und andernteils der tote Mo,
dem eh koa Mensch mehr helfa ko.

Und wia s' so feilschn, diskutiern,
dabei in d' Gumpn abistiern,
moant oana, dem wo's ziemli graust
„Jetz, wo a scho da untn haust
und stinga duad und is scho grawi,
seids' gscheit und laßtn wieda abi!"

Valuadat

Seit daß da Bräundl furt is, häng i z'erscht am Roßstoi hibei, da wo a Kummet halt hie ghört, net gwichst oder ebba gar poliert.
Wia da oid Bauer stirbt, werd da Hof vakafft und i damit. Stadtleit! – Guat braucha kennan s'mi, hoaßt 's. Da Sattler richt' mi auf. Und da Glaser paßt in mei Halsloch an Spiagl ei: a Spiagl in an Kummet, so a Krampf! Dann hängan s' mi mittn in Hausgang nei.
Daß i no nach Bremsnöi stink, des macht dene nix. „Orginell" waar des, sagn s'.
Ja, wia ma no des frische Hei rei ham, da Bräundl und i – da hat 's nach was gschmeckt: 's Hei und 's Bremsnöi und gschwoaßlt hats.
Auf an Golfplatz brauchan s' freili koane Roß nimma, – koane Huafeisn und koane Roßboin...
So san ma wieda beiananda, a Jeds für an andan Unsinn.
Unter meiner steht da Millikiwe, ganz blau ogstricha, Rosn – drauf gmoin. Drin steckan drei Golfschlegl und a Parablui mit an siuban Handgriff.
Bauernleit san 's woi koa mehr:
Golfeisen anstatt Huafeisn – oberhalb meiner s' Ochsnjoch mit messingane Schraubnhackl dro.
A Trenschkotzn und da Zuabiziaga hängan akkrat newa meiner. Wenn ebba kimmt, der muaß de groß Kuaglockn – de vo da Bleß – leitn.
Und vor da Haustür draußn steht insa oida Mistkarrn, sauba gschrubbt mit opflanzte Bleamiboschn. Sogar d' Stall-Latern kennan s' braucha: Halogen natürli!
Aba da Spiagl! Da Spiagl is scho des letzte von an gspreizten Glump! Und wia s' nachand oisam nei gaffand, de Stodfrack; und boi si d'Weiberleit s' Mei rot ostreichand...
Wenn des da oid Bauer no sehgn hätt müaßn:
Sei Hausstand vadraht, wia nach da scheanstn Freinacht, seine Wiesn a Golfplatz.
S' Sach mit so vui „Gschmack" valuadat!

Die Königsdorfer Blaskapelle

Im September jedes Jahr,
wie es hundert Jahr schon war,
zieht hin zum Oktoberfest,
– seitwärts Gaffer dichtgepreßt –
der bunte Schützen-Trachtenzug
mit der Blaskapellen Schmuck.

Und weil so auf Münchens Straßen
stets sie ihre Kräfte maßen –
da im Bild und dort im Ton –
kamen auch, wie immer schon,
Kapellen her von überall –
so Königsdorf im Isartal.

Mit reich bestickten Lederhosen
und an den Hosenträgern Rosen;
Gamsbärte auf den Hüten sitzen.
Hörner in der Sonne blitzen.
In der Ferne hört man schon
den tiefen Ton des Bombardon.

Tief, wie laut, im dumpfen Krach,
zieht die große Trommel nach,
während stramm marschiert davor
der Königsdorfer Spielmajor.

Langsam wälzt des Zuges Wurm
sich vorbei am Rathausturm.
Doch, wenn die Königsdorfer blasen.
da beginnt das Volk zu rasen –
was den Spielmajor beflügelt.

Wenn er seine Bläser zügelt,
ruft und weiß er ganz genau:
„Leut, spielt's auf, denn mir hams G'schau."
Die Trommler voller Eifer drum
machen noch viel mehr „bum bum",
denn sie können, was geschehen, –
die Ursach' des Erfolgs nicht sehen...

Von weitem schon sind sie gelobt,
das Volk, es applaudiert, es tobt.
So hört man es aus allen Reihen
wie aus vielen Fenstern schreien
in einem nie erlebten Maße
herauf schon die Neuhauser Straße.

Und wieder ruft er: „Drei und Vier!
Leut, spielt's auf, as Gschau ham mir!"
So klopft der Meister der Kapelle
im Stechschritt an der ersten Stelle
voran all seinen Musikanten,
die nichts von ihrem Glücke spannten –
die weder hier, noch je zu Haus
bekamen solchen Pfunds-Applaus –

Und nochmals ruft er: „Mir hams Gschau!"
Da springt herbei des Spielmanns Frau
quer über die Neuhauser Straße,
sich lösend aus des Volkes Masse –
die tobt da noch vor Freud am Clou –
Sie schreit: „Mach 's Hosentürl zu!"

Das flog im Takte immer munter
bei jedem Schritt mal rauf, mal runter...

So galt beim Volk an erster Stelle
die Königsdorfer Blaskapelle!

DR. PETER HOLLMANN

Am 27. 6. 1937 in Gablonz (Neiße) geboren, führte ihn der Weg nach der Vertreibung aus seiner böhmischen Heimat über das Schwäbische zum Studium der Veterinärmedizin nach München. Von dort aus war es dann nicht mehr weit ins Loisachtal, wo er in Beuerberg eine Landpraxis übernahm und eine Tierärztliche Klinik für kleine Haustiere eröffnete. Hier gilt sein Engagement neben Hund und Katze vor allem den ganz kleinen Viecherln wie Mäusen, Ratten und Meerschweinchen bis zum Papagei. Sein Haus ist ein halber Zoo. Er ist verheiratet und hat zwei Kinder.
Seit früher Kindheit in Schwejk'scher Manier darauf geprägt zu lachen, wenn es eigentlich nichts zu lachen gab, gilt seine Vorliebe dem Aufspüren versteckter Komik in an sich ernsten Situationen. Der tierärztliche Beruf bildet hierfür eine unerschöpfliche Fundgrube. Er ist Mitglied des Bundes Deutscher Schriftstellerärzte und schreibt unter dem Pseudonym Eppo Eppo.

Umweltverschmutzung

Nichts strapaziert das Nervenkostüm eines Autofahrers mehr, als eine gemächlich und provozierend langsam einherschreitende Kuhherde auf dem abendlichen Weg zum heimischen Stall. Der Besonnene fügt sich in sein Schicksal, hält Abstand und paßt seine Fahrweise dem Trott der Tiere an. Weniger Beherrschte kurven in wildem Slalom durch die Kühe und ergehen sich in wüsten Beschimpfungen auf die Landwirtschaft.
Die nervenaufreibendsten Rindviecher besaß der Seppenbauergirgl. Es waren insgesamt nur sieben Stück, aber alles sture, alte Chaisen, die das ganze Jahr krump gingen und die Angewohnheit hatten, flächendeckend in Prozession zu marschieren. Das sah so aus, daß die erste Kuh bereits an der Ortstafel von Beuerberg ihren Buckel schabte, während die letzte einen halben Kilometer dahinter, genau in der Straßenmitte, den Loisachberg heraufhatschte und gemütlich, einmal rechts und dann wieder links, am Straßengraben ein Maulvoll Gras mitgehen ließ.
Der Girgl selbst kam noch etwa hundert Meter dahinter, ebenfalls in der Straßenmitte. Mit der rechten Hand schob er sein Radl, auf dem rückwärts in einer festmontierten Obststeige sein Zamperl „Wasti" schlief. Mit der linken Hand hielt er seine Pipp, die ihm – trotz eines Flaschengummis am Mundstück – ständig zwischen den Zahnlucken herauszurutschen drohte. Die vorgeschriebene rote Fahne, für die er folglich keine Hand frei hatte, diente dem „Wasti" als Unterlage.
Chaotisch wurde es jeweils am Sonntag, wenn gegen 17 Uhr alles zur Autobahn nach München strebte. Es war immer dasselbe Bild: Eine endlose Schlange nervös mit dem Gaspedal spielender Autofahrer, und die gelassen dahinschreitenden Kühe, gefolgt von dem seelenruhig paffenden Girgl...
Plötzlich riß wieder einem der Geduldsfaden! Er scherte aus der Kolonne aus, fuhr pausenlos hupend bis an die letzte Kuh und stoppte mit quietschenden Bremsen unmittelbar hinter dieser ab. Es kam, was

kommen mußte. Das Tier erschrak, blieb stehen, hob den Schwanz und entleerte sich, weithin spritzend, auf den Asphalt – ohne Rücksicht auf das hinter ihm haltende, chromblitzende, weiße Gefährt.
Das war zuviel! Der Fahrer flippte total aus, sprang aus seinem Wagen und rannte, übelste Beschimpfungen ausstoßend, nach hinten auf den Girgl zu. Von Verkehrsbehinderung, Polizei, kostenloser Autowäsche und Schadensersatz war die Rede. Sogar die Umweltverschmutzung mußte herhalten!
Der Girgl wartete, bis sein Gegenüber den Dampf vollends abgelassen hatte, nahm seine Pipp aus dem Mund, spotzte gezielt an seinem Kontrahenten vorbei in den Straßengraben und meinte: „Warscht hoit dahoam bliebn, wann's Dir bei ins net g'fallt! Und – zwegn dera – Umweltverschmutzung, sag i Dir oans, und des mirkscht Dir! Wannscht Du allwei im Stall drin standescht, und jeden Tag an Haffa Milli gabescht und all Jahr Dei Kaiwi hättscht – nachhert – tatscht Du a auf d'Straß hiescheißn!"

Späte Reue

Auf Heiligabend hat's no g'schneit
Und kalt is, daß oan nimmer g'freit.
Koan Hund treibt ma in Hof jetz naus,
A jeder bleibt herin im Haus.
Bloß – manche wia der Ruischt vo Kreuth
Ham no koan Sitzabort bis heut,
Und's „Häusl" is beim Stadl hint –
Da blast an eisigkalter Wind.
„Fier oisam gebn's an Zuaschuß her,
Aba koa Mark fiers Sanitär!"
So schimpft der Ruischt und suacht sein Huat,
Sei Proschdada tuat nimmer guat...

Er macht die Haustür auf an Spalt:
„Na, na! Fiers „Häusl" is heut z'kalt!"
Er geht in Stall und macht si Licht –
Da schrickt s'es Vieh! A Latten bricht!
Und weil's net raus vom Gatter ko,
Reißt si a Rindl d'Hörndl o!
Der Dierarzt kommt mit'm Auto g'schwind,
Weil's Bluat vom Schädl obarinnt.
Es laßt si nix mehr repariern,
Die Hörndl muaß ma amputiern.
Nach zehn Minuten is vorbei,
Em oidn Ruischt werd's zwoaralei...

Die Junge schaugn den guadn Mo
Ganz zwida vo der Seitn o.
Im Gang hört ma, wia d'Oma goscht:
„O mei, oh mei! Was dös meah koscht!"

Der Ruischt is wehleidig beinand
Und zupft'n Dokta an seim G'wand:
„Jetz hamma Di no raus vom Bett,
Auf Heiligabend so a G'frett!
Dös oane aba woaß i g'wiß –
Wann's Wedda no so greislig is,
Und solltet's fuffzgmoi kälter sei –
In Kuahstall brunz i nimmer nei!"

Zwölfuhrläuten

Als Willy Brandt noch Bundeskanzler war, verstieg er sich einmal zu der etwas überheblichen Äußerung: „In Bayern geh'n die Uhren anders!"
Lange Zeit wußte ich nicht, wie wörtlich dieser Ausspruch zutreffen konnte. Willy Brandt meinte wohl, daß in dem fernen Alpenfreistaat bei den lederbehosten Seppels im Schnitt ein so niederer IQ gegeben sei, daß Leute seiner Couleur mit geistigem Führungsanspruch o.ä. wegen des Nord-Südgefälles Verständigungsschwierigkeiten hätten. Was ihm nicht geläufig war, und was wohl auch bis heute seine Vorstellungswelt übersteigt, ist der sog. „Bavarian Way of Life".
Er beinhaltet eine ausgesprochene Lässigkeit und Distanziertheit – Idiom „Wurschtigkeit" – gegenüber alltäglichen Dingen, über die sich hierzulande einfach niemand erregt – selbst wenn es sich um ungenaue Uhrzeiten handelt. Ich bekam dies schon bald nach meiner Niederlassung als Tierarzt in einem kleinen oberbayerischen Dorf demonstriert.
Unsere Kirchturmuhr war seit Jahren defekt. Das Geld, welches das bischöfliche Ordinariat für ein elektrisches Uhrwerk vorgesehen hatte, wurde von unserem Geistlichen Herrn zugunsten der Heizung zweckentfremdet. Er meinte ganz richtig, im Hause des Herrn sei es wichtiger, warme Füße zu haben, als zu wissen, wie spät es ist. Außerdem gebe es ja auch noch das tägliche Zwölfuhrläuten.

Unser Mesner, ein betagter Austragler mit beachtlichem Lungenasthma und deshalb an eine langsame, weil ökonomische Art der Fortbewegung gewohnt, handhabte dies durchaus generös. Er wußte immer, wann es etwa zwölf Uhr sein mußte. Ob er sich dabei nach dem Stand der Sonne orientierte oder an seinem abfallenden Blutzuckerspiegel, vermag ich nicht zu sagen. Eines aber wußte jeder im Dorf: Kam das Zwölfuhrläuten einmal nicht zur gewohnten Zeit, war der Mesner mit seinen Bienen beschäftigt. Denn im Bienenhaus vergaß er Gott, die Welt und sogar den Kirchturm.
In ebendieser Situation wurde ich einmal während der Mittagszeit zu einem kranken Kalb ins mesnerische Anwesen bestellt. Als ich aus dem Auto stieg, hörte ich die Mesnerin im Obstgarten in Richtung Bienenhaus rufen: „Schorschl, Schorschl! Ki-him! Zwelfeläut'n! – S'is scho hoiwe Oans!"
Bis das Zwölfuhrläuten dann stattfand, vergingen nochmals gut zehn Minuten. Trotzdem hat niemand im Dorf jemals etwas Wichtiges versäumt.

Der Lokalpatriot

Letzte Woche war in Beuerberg erstmals Radarkontrolle. Das halbe Dorf stand um den Polizeiwagen herum und wartete, was passieren würde.
Endlich, nach einer halben Stunde, kam einer mit 60 Stundenkilometern die Dorfstraße herunter. Es blitzte, der Wagen wurde gestoppt, und ausstieg – der Moarjackl.
Der Mann mit der Kelle: „Geschwindigkeitskontrolle! Sie sind innerhalb einer geschlossenen Ortschaft über 50 gefahren! Sind Sie mit 40,– DM einverstanden?"
Darauf der Jackl: „Wiaso? – I bi ja vo do!"

Vom Tenna hoch

Koa Batze Schnech is umanand,
Grasgrea as ganze Oberland.
Der Himmi so schee blau und klar
Wiara net leicht auf Oschtern war,
Und vo de Berg her, warm und lind,
Blast der Reischbeirer Sunnawind.
A so a Weihnacht war no nia,
Daß ma's glei kennt hat an de Kiah:
Grad g'schpunna ham's und plärrt und do,
Weil's pfeigrad g'moant ham, d'Woad geht o.

Der Gori is an oida Mo,
Wo nimma vui derreißn ko.
Er melcht grad mehr an etla Kiah,
Und a mit dene hat er Miah.
Es is a ganz a b'sundre Rass:
Mit allsam raffa's auf der Straß –
Zaunrackadürre, wuide Hund,
Hoilochat, aber zach und g'sund.
Sei „Afra" is die größer Schicks,
Dia fercht koan Stecka und koa nix!

Heit hat's d'Maschin scho obag'haut
Und fascht de hoibat Muich versaut.
Jetz fickelt's mit der Kettn vorn
Und fieselt eini mit'm Horn.
Da kracht der Knewi scho vo ihr –
Und draußt is' Luada bei der Tür.
Um's Hauseck rum, Schwanz auf der Höch,
Hupft's umanand wia junge Flöch,
Auf d'Bruckn nauf, in Tenna nei,
Der Gori allwei hinterdrei.

Der Tennaboden is derfait,
Es huift nix, daß der Gori schreit –
An Pumpra tuat's, an lauten Schnall,
Und d'„Afra“ bricht unt'durch in Stall!
Der Gori hinter ihra noch
Fallt mit am Schroa durch's gleiche Loch!
Es is all zwoa fascht garnix g'scheghn,
Weil – ausg'mischt is drunt no net g'wen.
Der Gori streicht d'Kuah mit der Hand:
„Sieghst! Samma wieda beianand!“

Die Brunst

Ein Großindustrieller aus dem Rheinland hatte sich eine Ökonomie in der Nähe von Bad Tölz gekauft, um so richtig das Landleben zu genießen. Seine Angetraute rannte den ganzen Tag im Dirndl herum und mimte die fröhliche Bäuerin.
Eines Morgens meldete sie persönlich eine künstliche Besamung an. Dabei ist es für den Tierarzt wichtig, wann die Brunst begonnen hat. Also erklärte sie: „Wir bräuchten den Herrn künstlichen Besamer – und ich soll bestellen, die Kuh hat heute früh jebrunst!“

Das Kinschdorfer Modell

Überall in Europa, ob in Brüssel, Rom oder Bonn, sucht man verzweifelt nach Wegen, die Landwirtschaft rentabler zu gestalten. Man entwickelt Sanierungsprogramme, gewährt für alles und jedes Zuschüsse, installiert Härtefonds und erarbeitet Rationalisierungspläne. Aber ein praktikables Modell, wie sich die Landwirtschaft selber tragen könnte, zeichnet sich nirgendwo ab. Dabei ginge alles so einfach...

Die Schneiderhauser Mari und ihre Schwester, die Vroni, waren zwei sogenannte einschichtige Weiberleut. Seit frühester Jugend waren sie in der Dampfwäscherei in Bad Tölz beschäftigt gewesen und hatten es wohl beide übersehen, zu heiraten. Kurz vor ihrer Pensionierung hatten sie dann in Königsdorf – im lokalen Sprachgebrauch „Kinschdorf" – eine kleine Ökonomie geerbt. Inzwischen 85 bzw. 84 Jahre alt, versorgten sie diese unter Aufbietung aller Kräfte mit großer Hingabe. Neben einem alten, gichtigen Gockel und vier Hennen, bildeten eine Kuh samt Kaiwi, eine Ziege und ein Schwein den gesamten Viehbestand. Der Maschinenpark rekrutierte sich in erster Linie aus einem einachsigen Handwagen und zwei Schultergurten, mit deren Hilfe die beiden Alten das gemähte Gras nach Hause karrten. Trotz dieser Schinderei waren sie stets gut aufgelegt und lebten scheinbar völlig glücklich und sorglos – im Gegensatz zu den ewig nörgelnden Großbauern in der Nachbarschaft, denen es angeblich hinten und vorn nicht langte.

Ein besonders Großkopfeter hatte sogar einmal gemeint, die Schneiderhauserweiber wären eine Schand' für ganz Kinschdorf. Er hatte nämlich gehört, wie eine herumspazierende Preußengattin zu ihrem Ehegespons sagte: „Jib den zwei armen Frauen fünf Mark, Justav! Sie placken sich so für ihr Vieh!" Und die Mari hatte gleich dreimal „Gelt's Gott!" gerufen und mit ihrem steifen Knie einen artigen Knicks probiert.

Fünf oder zehn Mark war auch gleichbleibend das Honorar, das ich als

Tierarzt verlangte – ob nun die Kuh nicht kalben konnte oder das Schwein Rotlauf hatte. Ebenso konstant erhielt ich bei der üblichen Barabrechnung immer zehn Pfennig Trinkgeld, wobei die Mari jedesmal konstatierte: „Net, daß' amoi hoaßt, d'Schneiderhausermadln san knickert g'wen!"
Trotzdem war es mir schleierhaft, wie die beiden existieren konnten. Eine Gelegenheit, dies herauszufinden, bot sich mir, als ich nach einer Klauenbehandlung zur Brotzeit eingeladen wurde. Beim Schwarzgeräucherten, das den beiden bei der Zerkleinerung naturgemäß etwas Schwierigkeiten bereitete, fragte ich die endlos Kauenden: „Sagt's amoi, wia geht denn dös bei Euch eigentlich um?"
„Hoho, hoho – leicht!" erwiderte die Mari und wischte sich den Bierschaum vom Mund. „Woascht, mir hamma ja a Rent'n. Und von dera Rent'n kaffan mir beim Raiffeisen a Millifuada. Und dös Millifuada geb'ma da Kuah. Und d'Milli vo der Kuah geb'ma da Goaß. Und d'Milli vo da Goaß geb'ma da Sau – und d'Sau fress' ma mir!"

Wintermanöver

Der Girgl hat a schiagligs G'schaug,
Er hat nemli a gläsrigs Aug.
A Kuah is eahm amoi vo vorn
Saubläd mit'n Hörndl einag'fahrn.
Er hat den Stesserer net g'sehgn,
Und scho is Aug bein Teifi g'wen.
Des Allerg'feihder aber is –
As Glasaug hebt eahm net im G'frieß,
Und zwegn den hat der oid Schlawack
Sei Aug allwei im Hosensack!

Bal oana kimmt, dann speibt er drauf
Und schiabt's blitzschnell ins Loch obn nauf.
A Bruin hat er, dia braucht er not,
Weil's ander Aug an Peckra hat.
Bloß de, de hat er nia derbei –
Er mecht koa Bruinschlanga sei.
Sei Oide hoaßt eahm Giggaff, Stenz,
Springginkerl, Lapp und Hemmadlenz,
Weil er zwegn seinra Bruin so bockt
Und halbat blind am Bulldog hockt.

Allwei is ihra scho so g'wen,
Es wurat no was Greisligs g'schehgn.
Und akkrat in der staaden Zeit,
Vom Himmi hat's schee hoali g'schneit,
Da fallt's de Tölzer Ami ei,
Es miaßat a Manöver sei.
Mit eahnre Panzer, Tschip und Karrn
San's ieber alle Wiesn g'fahrn,
Und mittlerscht drinna, auf der Straß –
Der Girgl mit'n Odlfaß.

Er hat nix g'sehgn, wia hoid allwei,
Und fahrt in erschtn Panzer nei!
Varreckt is net vui, Gottseidank –
As ierger war der Odlg'stank,
Indem der Odl durch an Riß
Im hoha Bogn außa is.
Fuchsteiflisch war der Girgl wuid,
Weil d'Ami g'moant ham, er war schuid.
Und wia's eahm auf am G'richt ham g'fragt,
Da hat er's dene richtig g'sagt:

„So Liachter hob i kemma g'sehgn,
Aber ganz weit vonander stehgn
Wia wann auf jeder Seitn grad
A so a Moped fahrn dat.
Drum hab i denkt, roascht' zwischn nei,
Da kunnt der Platz am breadern sei –
Und wiari mittlerscht drinna steh,
Is des pfeigrad a Panzer g'we!
Des sagn'S de Rainscha, Hoch's Gericht,
Bei'n Odlwedda iabt ma nicht!"

Die Anamnese

Eine Anamnese ist der Krankheitsvorbericht, und man sagt, ein guter Vorbericht ist die halbe Diagnose. Manchmal wird einem aber auch die ganze Diagnose geliefert und die Therapie gleich dazu.
Zu der Kategorie „Umfassende Anamnese" gehörte auch Frau Prohaska, eine stattliche, sehr energische und eloquente Mittfünfzigerin aus Geretsried. Sie setzte mir ihre nicht minder stattliche Promenandenmischung „Sdenka" auf den Behandlungstisch und begann ohne Umschweife mit ihrem Vorbericht:
„Herr Doktor, bin ich in Kalamität – nur Sie kennen'S mir helfen!
Nemlich, es ist so: Die Mařena, was is meine Tochter, fiehrt eine kinderlose Ehe, obwohl sie hat gemessen dem Eisprung mit den Thermometer. Und der Jiři, was is mein Schwiegersohn, is a scheener Mensch, 1 Meter 87, muskulös, a Feschàk – und is er Ingenieur, nix Gewehnliches! Versteh ich nicht, was ist los mit die zwei – bei mir is gangen wie bei Karnickel!
Und deswegen muß gesund werden mein kleine Sdenka! Herr Doktor, bittescheen, ieber was soll ich reden mit Mařena in Telefon, wann sind keine Kinder? No, red' ma iebern Hund! Was hat gemacht Bledsinn, was is gewesen bei Spaziergang auf Behmwiese, was hat gekriegt Futter und so…
Drum geht nicht ohne Vierfissler! Aber jetz kommt der Problem – der Lubomir, was is mein Mann!
Schlaft nemlich kleine Sdenka bei uns in Ehebett, in Mitte, wo is Ritze. War immer lieblich, scheen brav und anständig. Aber jetz! Jetz is bese! Immer, wann mein Mann mecht zu mir riebergreifen, wird krawuttisch! Hat ihm schon zweimal gebissen in Finger, und hat Lubomir gesagt: ‚Entweder Hund oder ich!'
Stellen'S Ihnen vor! Über was soll ich telefonieren mit Mařena? Jeschusmarandjosef!
No – Lobe Gott, bin ich nicht gefallen auf Gusche! Hab ich gesagt: Ty starey Kriminàlniku! Bist Du scheen ruhig – meinst Du, hab ich

nicht gesehen dem Pornoheft in Nachtkastl?! Aber geht nicht so weiter!
Missen Sie helfen, Herr Doktor! Weiß ich nicht, was hat mein kleine Sdenka. Is vielleicht rhä-umattisch oder sälisch, was Gemietliches – a Depression? Hab ich auch gehabt a Depression, daß mir gleich operiert ham! Vielleicht missen'S auch Gebärmutter rausnehmen! Is furchtbar!
Tut mir so leid mein kleine Hund – mecht ich nicht, daß sie ihm untersuchen, Herr Doktor, und tut weh! Spritzen'S a bissl was aufs Herz, und a bißl was auf die Fieß! Is Wurscht, was kost!
Sie sind so ein guter Mensch, Herr Doktor, und so intäläktuell!"

Atmosphäre

Wenn ein Wetter aufzieht, stinkt es wegen der Schwüle in jedem Schweinestall noch ärger als sonst.
Deshalb meinte die Schwester Innozenz vom Klosterhof entschuldigend zum Tierarzt: „Mei – eine Admisere is des wieder da herin!“

Heiligenverehrung

Endlich hatte unsere Gemeinde wieder einen Pfarrherrn! An Peter und Paul, dem Patroziniumstag, war er mit allem Pomp installiert worden, den das Dorf hergab: Schützenaufmarsch, Böllerschüsse, Veteranenabordnung, Trachtler, Burschenverein und Feuerwehr.
Dem neuen Seelsorger eilte ein kaum zu überbietender Ruf voraus. Nicht nur, daß er aus einer Ökonomie in Niederbayern stammen sollte, und man folglich annehmen konnte, daß er mit den Problemen der Landwirtschaft bestens vertraut war, sollte er das Herz auf dem rechten Fleck haben und die bayrische Mundart perfekt beherrschen. Letzteres – so munkelte man – hätte auch zu seiner Versetzung aufs Land geführt, weil ihm der Verwaltungskram in der Stadt zuwider gewesen sei, und er dem hochwürdigen Herrn Bischof etwas angeboten habe, was man diesem nicht anbieten darf.
Kurzum, es war etwas ganz anderes als mit dem alten Geistlichen Rat, der mit seinem weißen Lockenkranz und seinen huldreichen Gesten immer irgendwie überirdisch wirkte, und den die Schulkinder auf der Straße mit „Gelobt sei Jesus Christus!“ begrüßen mußten.
Es dauerte jedoch keine zwei Wochen bis sich herausstellte, daß der frische Herr Pfarrer ausgesprochen neumodisch und fortschrittlich war. Man hätte es ja noch hingenommen, daß er das renovierte „Gegrüßet seist Du, Maria“ einführte, in dem es hieß „gebenedeit unter

den Frauen“ statt wie bisher „unter den Weibern“. Auch, daß die Mannsbilder und die Weibsleut nicht mehr wie auf der Toilette, getrennt nach Geschlechtern, rechts und links in die Kirchenstühle gehen mußten, sondern sich vermischen durften, hätte man toleriert. Aber das, was er sich mit den Heiligen erlaubt hatte, war ein starkes Stück und ging direkt an einem Sakrileg herunter! Und damit hatte es folgende Bewandtnis:

Im Kirchenschiff waren seit altersher nicht nur die Plätze in den Bänken numeriert, mit den Hausnamen der einzelnen Bauern gekennzeichnet und mit entsprechenden Kissen zum Schonen der Sonntagshosen versehen, sondern es hatte sich auch eingebürgert, daß jede der alteingesessenen Familien ihre eigene Heiligenfigur besaß.

Es waren dies zumeist Mitbringsel von irgendwelchen Wallfahrtsorten wie Altötting, Lourdes oder Kloster Ettal, die entlang der Seitenwände auf kleinen Konsolen aufgestellt waren. Je nach Geschmack und Geldbeutel bestanden sie aus Gips oder einer anderen Devotionalienmasse und leuchteten in unbeflecktem Weiß, himmlischem Blau oder unschuldigem Rosa, umgeben von überdimensionalen Heiligenscheinen und Strahlenkränzen aus Goldbronze. Unvergänglicher Blumenschmuck aus Plastik und die obligaten ewigen Lichtchen vervollständigten die privaten Heiligtümer.

Einem Mannsbild wie dem neuen Pfarrer, der jede Art von Süßigkeiten verschmähte und eine Vorliebe für Schlachtplatten mit Sauerkraut hatte, und der den christlichen Glauben als etwas Handfestes und Nützliches ansah, mußte dieses rührselige Sammelsurium in innerster Seele zuwider sein. Kurzentschlossen hatte er das ganze Geraffel aus der Kirche räumen und in die Sakristei stellen lassen.

Dies kam einer Palastrevolution gleich, die postwendend den Kirchenrat auf den Plan rief. Der wurde nach kurzer Beratung im Pfarrhaus vorstellig. Doch der geistliche Herr war zu keiner Diskussion bereit und ließ durch die Pfarrköchin mitteilen, er werde am Sonntag von der Kanzel dazu Stellung nehmen.

So voll wie an diesem Tag war die Kirche nicht einmal bei der Orgelweihe gewesen. Man spürte förmlich ein Knistern in der Luft, das auch von dem monotonen Singsang der Wechselgebete nicht zu verdecken war. Endlich war das Evangelium verkündet, die Jahrtage und Rosenkränze der nächsten Woche waren verlesen, und die Predigt konnte beginnen.

„In nomine Patris et Filii et Spiriti sancti!“ – „Amen.“ Antwortete die Gemeinde.

Furchtlos blickte der Neue auf die Schäfchen zu seinen Füßen, bis diese demütig die Augenlider senkten. Und dann ging es Schlag auf Schlag. Er zitierte das zweite Buch Moses, Exodus, 20. Kapitel:

„Ich bin der Herr, Dein Gott, der Dich aus dem Lande Ägypten, dem Hause der Knechtschaft, geführt hat.

Du sollst keine anderen Götter neben mir haben!

Du sollst Dir kein Schnitzbild machen, noch irgendein Abbild von dem, was droben im Himmel oder auf der Erde unten oder im Wasser unter der Erde ist!

Du sollst Dich vor ihnen nicht niederwerfen und sollst sie nicht verehren; denn ich, der Herr, Dein Gott, bin ein eifersüchtiger Gott...“ usw.

Dann folgte Lukas, 19. Kapitel, die Tempelreinigung:

Und er betrat den Tempel und begann die Verkäufer hinauszutreiben, indem er zu ihnen sprach: „Es steht geschrieben: ‚Mein Haus ist ein Bethaus‘; Ihr aber habt es zu einer Räuberhöhle gemacht.“

Es war beinahe wie beim Jüngsten Gericht, und die Bauern rutschten unruhig auf ihren Plätzen hin und her. Aber der Mann auf der Kanzel war nicht zu bremsen. Beim Thema angelangt, erklärte er den Sinn der Kirche als des Hauses Gottes, in dem Ordnung herrschen müsse, wie in jedem anderen Haus, wo auch nicht jeder sein G'lump umeinanderstellen könne. Sodann erhob er seine Stimme zu voller Lautstärke, indem er sprach:

„Und wenn oa zu mir kommen und fragen: ‚Wen soll'n mir denn o'beten, Herr Pfarrer, wenn Sie inserne Heiligen nausschmeißen?‘ – Dann muaß i sag'n: ‚An Herrgott, ös Griaßknedl!‘ – Amen.“

Inhaltsübersicht